あなたの
明日が
輝き出す！

元気の作法

臼井由妃＊Yuki Usui

方丈社

元気ですか！

健康オタクでも元気が足りない人ばかり

「元気ですか？」

講演やセミナーで講師を務める際、私は決まって参加者に質問するのですが、

「はい！　元気です！」

と、胸を張って即答する人はほとんどいません。

目立つのは好まない、照れ隠しなのかと、最初は考えていました。

しかし気軽な集まりでも、気がつけば、

「だるくて仕事に集中できないよ」

「私も同じ、疲れがたまっているのね」

と、妙な共感を示す人。

「腰が痛くてさ……、いい治療院を知らない？」

「私は膝が悪くて……」

などと、病気自慢をしているような人の何と多いことでしょう。

病気自慢で会話が盛り上がるのは、生死を分けるような病ではないから。誰にでもある日常茶飯のことなので、深慮せずに共感できるのでしょう。

ほんとうに病を抱えていれば、医療機関で治療を受けるのが先決ですが、若者の街「渋谷」や、マダムが集う「白金」、ビジネスマンご用達の飲み屋街「新橋」……、老若男女、どこに行っても、「元気が足りない！」。

エネルギーを感じられないのです。

若手起業家のSさんは、毎朝ジムに通いマシーンで筋肉を強化。朝食にはプロテインと総合ビタミン剤、青汁というのがルーティンになっています。

東京マラソンを何度も完走している「スポーツマン」の彼のランチは、鶏胸肉とブロッコリーの温サラダ、それにザルそばが定番。夕食は、赤ワインとチーズ、ナッツに、健康食品を5種類。眠る前にはストレッチ。

「僕ほど、身体に気を遣っている者はいない」

と豪語しますが、私には、

「心身に無理を強《し》いている健康オタクにしかすぎない」

と見えるのです。


なぜって？　彼はすぐに怒りをあらわにするから。

相手の立場を察することが苦手で、キレやすい。平常心で生きられない「心《しん》不善《ふぜん》」な人だから。

彼の場合、その健康習慣がストレスを蓄積させ「心不善」な人になってしまったといえるでしょう。


スポーツや健康食品、身体によいと評判の食べ物も、使い方を間違えばストレスにつながります。

今はさまざまな情報が飛び交う「ストレス過多時代」ですから、「元気消滅化」がすごいスピードで進んでいるのです。

これまで人は、日の出とともに起き、仕事をし、日の入りとともに眠るという自然のリズムに合わせた暮らしをしてきました。

しかし、今はそうした暮らしをしようとしても、無理があります。

昼夜逆転生活、不規則な食事……、それを補おうとスポーツや健康食品、「特保」の許可を受けた飲み物、食べ物の類に助けを求めるのは、当然の心理。ですがそれらは、「元気消滅化」の特効薬にはなりません。

「元気」とは、心身の活動の源となる力。活動のもとになる気力に満ちていることを意味します。

流行りのスポーツや健康食品に踊らされて「元気になったつもり」の「健康オタク」とは、心身をスムーズに活動させる原動力が各段に違うのです。

「元気がない人だらけ」の今にあっては、常に「元気」というだけで、あらゆる場面で優位に立てます。

ビジネススキルやヒューマンスキルが同等の人がいたとしたら、「元気な人」が信頼され信用を深めていきます。

仕事でもプライベートでも「元気な人」が中心になって事が進んでいきます。

「元気があれば何でもできる!」

有名な言葉ですが、臼井流の解釈は、

「元気があれば何でも手に入る!」

心身の健康はもちろん、仕事や友人、お金……、「元気」が味方してチャンスの女神も微笑むと確信しています。

それは、お金なしコネなし経験なしで、病身の夫に代わって33歳で「経営者」に就いたときに抱いた思いでもあります。

「スキルも頼りになる人もいない私が誇れるのは、元気!」

「周囲は不健康な人だらけだから、私の元気はビジネス社会を生き抜く武器になる!」

そう考え、「常に元気で働ける心身を保つにはどうしたらいいのか?」を、探求しながら実践。よいと思えたことは、「元気の作法」として続けてきました。

そのおかげで入院経験も持病もなし、近眼や老眼も無縁。年齢を重ねるほど、集中力や持久力が増し、今は著者、講演家、経営コンサルタント、経営者として「四足のワラジ」を楽しんでいます。

本書では、33歳で「元気を人生の武器にしよう」と決意してから、62歳に至るまで、私や私の周囲にいるストレスをものともせず、常に最大限のパフォーマンスを発揮する「元気な人」が実践している「元気の作法」を紹介していきます。

中には首をかしげる「元気の作法」があるかもしれません。

しかし、ピンときたことを一つでも始めれば、「元気」を手に入れることができるだけでなく、「病気自慢」や「健康オタク」のおかしさに気づき、「心不善な人」とも無縁になれる。それだけではなく、元気を引き寄せ、元気が倍増されて、あなたの人生は輝きに溢《あふ》れたものになります。

そんな人生は、見える景色が違ってくるはずです。

先ずは「面白そう」「いけるかも？」のノリで、「元気の作法」を始めてください。

私は「煩悩の数、１０８歳までは現役で仕事をする」と20年来公言してきました。最初は鼻で笑っていた友人も、

「臼井さんならば大丈夫！　昭和、平成、令和、その次の次ぐらいまで生きるよね」

と、真顔で言うように変わりました。

「元気の作法」を実践すれば、あなたにはうれしい変化が訪れます。

心身をスムーズに活動させる原動力になる「元気」を本書で手に入れてくださいね。

臼井由妃

２０２０年（元気元年）５月

あなたの明日が輝き出す！　元気の作法　目次

第1章＊元気スイッチをONにする作法

第2章＊テンションをあげる、とっておきの作法

第3章＊心を整える意外な作法

第4章＊元気を高め、幸せを実感する作法

第5章＊「元気な人」に人が集まる！

ブックデザイン
*
albireo

DTP
*
山口良二

編集
*
武居智子

第 1 章

*

元気スイッチを ＯＮにする作法

ささやかに生きると決める

平成から令和に元号が変わる頃、ふと思いました。

「私の生き方も、変える時かもしれない」と。

生き方を変えるとは、誰かと比べて「年収が多い」とか、「もっと自分は評価されるべき」とか、競争の中で自分の価値をはかり、その中で幸せを感じ、少しでも上をいけば喜び、下だと感じれば嘆く……。当たり前のように、そうしてきたのを止めること。つまらない価値観に捉われてきた、自分の生き方を見直すことでした。

そんなことよりも社会の状況に応じて、周囲の歩みに合わせたり、他者を支えたり、他者から支えられたり。共感や協調して生きていく。

思いやりや労《ねぎら》い、尊敬など、他者を受け入れる気持ちを抱けない人は、生き残れないかもしれない。そんな危機感すら覚えたのです。

それは、元気にこのままのペースで仕事を続けられるのか？　年齢から生じる漠然とした不安だけが、原因ではありません。

阪神・淡路大震災や東日本大震災、熊本地震、九州北部豪雨、西日本豪雨など、未曾有《みぞう》の大災害に見舞われながら、立ち上がってきた平成という時代から、「支え合い・備える・命をつなぐ」ということを学んだからでもあります。

一人の力はささやかだけど、「ワンチーム」になれば、私たちはどんな苦難も乗り越えられる。幸せを感じることができる。

そう気づいてから、人と比べて幸せをはかるのではなく、ほんのささやかなものでも、「うれしさ」がいくつもある日をつくろう。

言い換えれば「ささやかに生きる」と決めました。

ささやかでも「うれしさ」が詰まった一日であればほんのり幸せになります。

そんな日が続けば、生きているのが楽しくなります。

そのための私なりの方法が「元気の作法」です。

「元気の作法」は、誰かに「やりなさい」と言われたことではありません。難しい顔をして「やらなければいけない」と、決めたことでもありません。暮らしの中のささやかなことでいい。

「こうしたら元気になるだろうな、面白いぞ！　きっと新しい発見がある」今以上に元気に、明日への希望を見出せるような小さなプロジェクトをいくつもこしらえ、やり方を工夫し、夢中になって順番にクリアしていくことです。

「元気の作法」とは、言葉を変えれば自分や大切な人の元気に関わる問題を見つけ解決策を探し、答えを出して、何かを学ぼうとする気持ちです。


世界中で健康や医療への関心が高まる今、私たち一人ひとりの健康に対する意識と行動が問われています。

世界保健機関（ＷＨＯ）も、自分の健康に責任を持ち、軽度な身体の不調は自分で手当てする「セルフメディケーション」という概念を定義。日頃から自分の健康状態をチェックし、規則正しい生活を心がけ自分の健康は自分で管理することを推奨しています。

「元気の作法」も「セルフメディケーション」の考え方が要《かなめ》になっていますが、おおらかに、宝探しをするように元気になる工夫と発見をしていく。

この本では、先人の教えを検証したり、私の周囲にいる「リアル元気人」から学んだことや自分が長年続けているおススメの「元気習慣」を説いています。

中には、

「やりすぎじゃないの？」

「私にできるかしら？」

「ウケる！」

疑問や笑いが生じる作法があるかもしれませんが、それも経験。「元気の作法」には、今まで何気なく行ってきた日々の行動を丁寧《ていねい》にするというだけで、心豊かに身体が健《すこ》やかになることもたくさんあります。

自分の健康を守ることは他人《ひと》の健康を守ること。ひいては社会の健康を守ることにつながる。

「元気の作法」で、今私たちが直面していることの答えにもたどり着けるはずです。

元気ポイント

1

＊＊＊＊＊＊＊

「元気の作法」は自分と大切な人の健康を守り、社会の健康にもつながる。

「ひとりでいること（孤独）」は好きで選ぶ決断

私が考える孤独とは、「ひとりでいること」を怖れることなく、自分自身をさらに俯瞰《ふかん》しながら楽しむことができるようになる「積極的な生き方」です。

その結果、人間関係のストレスで心身を病むことがなくなり、自分も相手も幸せになるコミュニケーションが誕生します。


積極的に孤独を選ぶようになると、これだけは譲れないという「生き方の軸」が定まります。そして、ひとりでいる時間が自分を活性化させることがわかり、忙しい中でも充実した「ひとり時間」を作り出せるようになります。

ここで、あなたが孤独をどう受け止めているかチェックしてみましょう。

想像力を膨らませながら、即答してくださいね。

①自分の人生にいちばん大事なものは何か、すぐに答えられる。
②集団でいることのメリットとデメリットを説明できる。
③ひとりで外食することが、苦にならない。
④批判や中傷に焦ったり反撃したりしない。
⑤仕事や家事のやり方は自分で決めている。
⑥公私とも「まったく予定がない日」を意識して作っている。
⑦ONとOFFが明確である。
⑧心と身体がつながっている感覚を持っている。
⑨人脈を広げることだけを目的としない、ネットワークづくりをしている。
⑩仕事以外の情報を意識して取り入れるようにしている（書籍・セミナー・SNSなど）。
⑪会社が倒産しても、自分はやっていけると思う。
⑫自分に何かあったら、駆けつけて助けてくれる人がいる。

⑬見返りを求めず支えたい人がいる。
⑭名刺やメールアドレスの見直しを定期的に行っている。
⑮形式的な年賀状や贈り物はしないと決めている。
⑯上司や先輩、家族の顔色をうかがうことはあまりない。
⑰今はわかり合えない人とも、いずれ心が通じあえると思っている。
⑱長電話は苦手である。
⑲会議や集まりで、気がつくと調整役をしていることがある。
⑳孤独と孤立の違いを理解している。

●ＹＥＳが18以上だったあなたは、
自分軸が確立していて、いい人間関係が築けています。人間として成熟しているといえます。

その心構えを大切にするために、ひとりでいる時間と集団の中にいる時間のバランスに注意しましょう。

●YESが13～17だったあなたは、
自分の意志や個性は認識しているものの、自信が持てずに、周囲の人の意見や情報に流されてしまうときもあります。そうならないために、積極的に「ひとり時間」をつくりましょう。自分の基準で判断し決断できるようになります。

●YESが12以下だったあなたは、
評価されたいという思いが強いために、人間関係や仕事がうまくいかなくなると、ストレスからパニックになる可能性があります。

周囲に依存せず自分で判断して行動できるようになるために、「ひとり時間」をつくり、自分をよく見つめ直すといいでしょう。


さてあなたの結果はどうでしたか？　いずれの結果であろうと構いません。

ここで「孤独」について取り上げたのは、孤独は気を病むような寂しいことではない、孤独だからこそ自分や他者の元気を冷静に見つめることができ、元気を生み出す知恵が育《はぐく》まれ、パワーも湧いてくるということを知って欲しかったからです。

「元気の作法」の具体的方法をお話しする前に、孤独こそ元気の原点。

「ひとり時間」を楽しめないと、元気を維持するのは難しい……、そう理解してくださいね。

元気ポイント

2

＊＊＊＊＊＊＊

孤独は元気の原点。

元気を出す知恵が育まれ、パワーも湧いてくる。

「つくり笑顔」は侮れない

「本物の笑顔」といわれる「デュシェンヌ・スマイル」とは、

●口角を上げる

●目尻にシワをつくる

この2つの条件を満たした笑顔のことで、フランスの神経内科医、デュシェンヌが発見したため、「デュシェンヌ・スマイル」と呼ばれています。

笑顔になると、それだけで脳が前向きな状態に変化し、やる気も出やすくなります。これは、カリフォルニア大学の実験によって判明しました。

笑顔になるとき、ふつうはまず脳の中で感情が生じ、その結果が笑顔という表情として顔に表れてきます。

ところが、因果関係は逆になるのですが、無理矢理に浮かべた笑顔、つまり

「つくり笑顔」でも、後から脳の中に前向きな感情が生じるのです。

「つくり笑顔」には、うつ病予防の効果も発見されていて、アメリカではメンタル面の健康を守る心理トレーニングにも応用されていますし、身体面の健康を守り、寿命を伸ばす効果があることが、ミシガン州立大学のグループにより実証されています。

そうなれば、「つくり笑顔」を使わないのはもったいない！

ぜひとも「つくり笑顔」のレッスンをしましょう。

私は朝晩、洗顔後、鏡に向かって口角を上げて目尻にシワをつくる「つくり笑顔」のレッスンをしています。

これは、自分の心身の健康を保つためだけではなく、ビジネスの場でも活きる術《すべ》です。何かとストレスを感じるビジネスの場こそ、「つくり笑顔」で接してみましょう。

すると、強張《こわば》っている表情を浮かべている人や険しい顔、不機嫌そうな表情の人も、あなたの「つくり笑顔」につられて表情がやわらぎ笑顔になります。

「つくり笑顔」は伝染する！
「つくり笑顔」でストレスは軽減される！

のです。

人は緊張状態になると、自分で思考の幅を狭めてしまい、仕事の能率を落としてしまうもの。

一方、笑顔は気分を高揚させ仕事に対するやる気や実行力を高めます。

あなたの「つくり笑顔」で周りの人も笑顔になれば、皆の仕事の効率を上げるだけでなく、職場の雰囲気も明るくなります。

また、笑顔には信頼を得る力もあります。

仏頂面の人には人を寄せ付けない雰囲気がありますよね。しかし、笑顔は「私はあなたに対して心を開いていますよ」という意思表示ですから、相手もあなたに心を開くので、信頼関係を結びやすい状態になるのです。

笑顔は人と良好な関係を築くために、なくてはならないものです。

「つくり笑顔」というと「わざとらしい笑顔ではないか？」と捉えてしまう人

がいますが、それは「目だけ笑う」とか「口元だけ笑みをたたえる」というアクション。「その場しのぎの笑み」であって、ここでいう「つくり笑顔」とは意味が違います。


笑顔でいる人の周りには人が集まり、笑顔には笑顔が返ってきます。

笑顔は人間関係を良好にする効果があるのですから、積極的に「つくり笑顔」をしましょう。

男性の中には「人前で笑顔を見せるなんておかしい」「笑顔をつくるなんて恥ずかしい」と思う人がいるかもしれません。ビジネスで成果と信頼を得るには実績と時間が必要ですが、「つくり笑顔」ならば実績も時間も要らず信頼を得ることができます。

そう、「つくり笑顔」は侮れないのです。

そうは言っても、失敗やトラブルが続いているときには、なかなか笑顔ではいられません。大切なプレゼンの前や憧れの人に会う前を想像するだけでも、緊張するはずです。そんなときこそ鏡にむかって「つくり笑顔」をしてみましょう。緊張やネガティブな感情から解き放たれたような気持ちになります。

男女の別や年齢差、職業、立場、国籍を超えて、相手に「自分は好ましい存在である」と認識させ、身体面の健康も守る「つくり笑顔」。

健康とコミュニケーションに寄与する「つくり笑顔」を味方にしてください。

元気ポイント

3

＊＊＊＊＊＊＊

「つくり笑顔」で自分の健康と、
コミュニケーション上手が手に入る。

考えることよりも「行動」を優先する

月末までには仕上げなければいけない原稿があるのに、気づくと部屋の掃除や片づけ物をしていて、これがはかどることこの上なし。

これは私ですが、同様の経験をしたことのある人も多いのではありませんか。

やるべきことに行動が向けばいいのに、何でこういうことになるのか？

気のりがしない、やる気が湧いてこないという物事を前にして、それを避けるように関係のない行動をすると、そちらのほうがはかどってしまう。

これには俗にいう「やる気スイッチ」という行動を促すツボが深く関わっています。

「やる気スイッチなんて本当にあるの？」と思う人もいるでしょう。

私自身は「やる気スイッチ」の存在を感じていましたが、本書を著すにあたって周囲のビジネスパーソン、経営者、ワーキングママさん、専業主婦の方、ご年配の方々など100人にインタビューしたところ、91人が「やる気スイッチを持っている」「持っていると感じている」「やる気スイッチが入るシチュエーションがある」と回答してくださいました。

「どんなことをすれば、やる気スイッチが入るのか？」

重ねて質問をしたところ、何と91名全員が「**とにかくやり始める**」と答えたのです。

私の経験から、ある程度は想定していましたが、「**とにかくやり始める」という当たり前のことが「やる気スイッチ」の入れ方**でした。

人は、やり始めれば集中するようにできている。

言い換えれば、人間は何かをやり始めなければ集中できないようになっているのです。

企画書を作成しなければいけないのなら、先ずはパソコンに向かってワードを開き「企画書」と打ち込み始める。資格の勉強をしなければいけないのなら、机に向かって参考書や問題集を開き書き込みをする。

このように何かを「やり始める」と、だんだんと気分がのってきます。

「やる気を待つ」という人もいますが、それは合理的ではないのです。

とにかく何かをやり始めれば「やる気」の加速度は上昇。

一度作業をやり始めると、「やる気スイッチ」が入り、止められなくなってしまいます。

仕上げなければいけない原稿があるのに、気がつくと部屋の掃除や片づけ物をしてしまう私の原因は、ここにあったのです。

考えることよりも、「行動」を優先する。

「やる気スイッチ」を入れるには、とにかく「やり始める！」に尽きます。

その際、おさえておいて欲しいのが、**やらなければいけないことにスムーズに挑めるような環境を整える**ことです。

たとえば、執筆を生業《なりわい》にしている私は、書くことが決まっていようといまいと、午前6時にはパソコンを立ち上げ、いつも使っている原稿執筆用のワードに文字を打ち込み始めます。

もしあなたが商品の提案書を作成中ならば、それまでの内容を受けてとか、出来の良し悪しなどは考えずに、思いつくままに文章を打ち込むのです。

そうするうちに少々体調が悪いときでも、「面倒だなあ」という怠け心が芽生えているときでも「やる気スイッチ」が入って、やらなければいけないことに夢中になります。

「何もやりたくない」というときは誰にでもあります。むしろそれは自然なことでしょう。

たまには心身を癒《いや》すことも必要ですが、そうした機会もきちんと限度を決めてスケジューリングしない限り、「休み明けはのって仕事がデキる」「休んだからこそ、すごいアイデアが浮かんだ」ということにはなりません。

漫然と休んでいたら、「休み明けは調子が出ない」「のらない」「やる気」が出ないということにもなります。

頭で考えるよりも先に「行動」する！
すると「やる気スイッチ」がオンになり、元気や勇気、活気やポジティブな気持ちが湧きあがってきます。

元気ポイント

4

****

「やる気スイッチ」の入れ方は、
とにかく何かをやり始めること。

ガッツポーズで落ち込み気分を一掃

趣味で歌のレッスンを始めてから、ただ学んでいるだけでは物足りない、仲間内で発表しているだけでは自分のレベルがどの程度かわからないという思いから、さまざまな団体が主催するコンテストやカラオケ大会に参加するようになって3年が経ちました。

講演家として1000回を超える経験を積んできた私ですが、歌となると別。

始めてカラオケ大会に参加したときは、心臓はバクバク、足はガクガク、目は虚《うつ》ろ。

歌い終わっても、しばらく震えが止まりませんでした。

そんなありさまですから、練習の成果を出せず、結果を残すことはできませんでした。

「緊張しないように、あがらないように」

何度も自分に言い聞かせると、さらに緊張して歌詞を間違える。普段できることができない……。舞台には魔物が住んでいるといいますが、あがりまくる自分が腹立たしくてなりません。

そこで、目をつけたのが、野球でピッチャーが三振を取ったときや、卓球やテニスで得点を挙げたときに選手がする「ガッツポーズ」です。

うれしいから自然にそうなるのは間違いありませんが、大袈裟《おおげさ》すぎるくらいに「ガッツポーズ」をする選手ほど、その後うなぎ登りに調子をあげてゲームの主導権を握る、そして勝つのです。

中には「シャア～」とか「ウオ～」なんて意味不明の声とともに「ガッツポーズ」をする選手もいて、すごい迫力です。

ガッツポーズは、パフォーマンスをあげるための意味が強いのではないか。

スポーツだけでなく会議の進行役やプレゼンテーションや交渉など、緊張を強いられるビジネスの場でも、応用できるのではないか。

歌のコンテストで舞台に上がる前によい結果をイメージしながら「ガッツポーズ」をしたら、思うような成果を出せるのではないか。

そう考えて仕事でも歌のコンテストでも、2年ほど前から「パフォーマンスをあげるためのガッツポーズ」を始めました。

結果、交渉事で怖気《おじけ》づくことはなくなり迫力が出てきたのでしょうね。今までまとまらなかった案件も容易に決まる。結果がついてくる。

歌のコンテストでは緊張感に押しつぶされることがなくなり、むしろそういうシチュエーションを愉快にさえ感じ、勢いが生まれ入賞や優勝という栄誉をいただけるようになりました。

コンテストや仕事で結果が出るようになっただけではなく、**驚くべきは、元気になったことです。**

元来タフな私ですが、それでも風邪をひいたり、お腹の調子が悪くなったりすることが人並みにありました。しかし、日常の「ここぞという決め場面」で「ガッツポーズ」をするようになってから、「医者知らず」です。

心理学では、体の中でも主導権が強いのが、「自分の意志で動かせる手足」といわれています。ですから、「ガッツポーズ」に限らず手足を使った「ダンス」や「舞踊」のような動きでも、落ち込んだ気分を回復させたり、緊張をやわらげたりできるでしょう。

よい結果をイメージしながら手足を動かせば、結果は必ずついてきます。

元気ポイント

5

＊＊＊＊＊＊＊

ガッツポーズは結果が出て、元気も手に入る。

上を向いて歩こうよ

海外へ行って特に感じることの一つに、後ろ姿を見ただけで「日本人だ!」とすぐにわかるということがあります。

中国や韓国、台湾などの人たちは、髪の色や体格は日本人とほとんど変わりがありませんが、それでも日本人だとすぐにわかります。

それは、「日本人は下を向いて歩いている人が圧倒的に多い」から。

街角に目を向けると、ほとんどの人がうつむき加減で顔を下に向けている。

落とし物を探しているかのような人もいます。

最近は、スマホの普及で、この傾向に拍車がかかっています。

そんなふうにいつも下を向いていると、当然猫背になってしまいます。

姿勢が悪くなれば、気持ちも落ち込むのは当然。

それだけではありません。

やる気や勢いが感じられず、いかにも弱気。一緒に仕事がしたいとか、大切な案件をお願いしたい、任せたいとは思えないでしょう。


一方、顔をあげ姿勢を正せば、堂々として自信がみなぎっているように見え、存在感が格段にアップします。

最近では、背筋を伸ばした姿勢を心がけると、「テストステロン」という決断力や積極性、闘争心などに関るホルモンが増加するというデータも発表されています。

また堂々とした姿勢の人は「ゴルチゾール」というストレスホルモンの値が低いともいわれています。

①あごをひく。
②丹田（へその下のところ）を意識する。
③お尻を引き締める。

そして背筋を伸ばした姿勢を心がければ、ポジティブな気分になるだけでなく、脳や身体にも大きな影響を与えます。

明るくて前向きな性格の人が、ある瞬間うつむいて歩いているだけでも、「元気がないね」「悩みがあるの？」「今日は冴《さ》えないなあ」などと、人は捉えてしまうもの。

それは、損ですよね。

ぜひ堂々と背筋を伸ばして歩いてください。

元気ポイント

6

＊＊＊＊＊＊＊

背筋を伸ばして歩けばポジティブになり、ストレスホルモンも低下する。

「今日もいい日になりますね」「明日もいい日になりますね」で自己暗示

忙しくてパフォーマンスをあげたいところなのに、ミスやトラブルが続いてイライラ。

「何で今（そんなことが）起こるのよ～」

「今じゃないでしょう」

怒りや焦りがさらに事態を悪化させる。

そんな経験をお持ちではないでしょうか？

疲れが出るときには、誰しもそうした経験をしているものです。

そんなとき、

「もっと頑張れ！」

「もっと一生懸命になれ」

「努力は報われる」

こんな言葉で、やる気を奮い立たせようとする人がいますが、私は賛成できません。

もう十分に頑張っている、懸命にやっている、努力をしている。

それは、自分がいちばんよくわかっているからです。

こういう場面では強い言葉で、やる気を促しても効き目はありません。

自分を認めて優しく諭す。愛情をこめて包み込むような意識で。

「疲れたよね、ずっと集中していたからね。あと少しだよ。やってみようよ」

「頑張った、スゴイよ。こんなにできる人はいない」

「もうちょっとだけやってみない？」

というように、**そっと自分の背中を押すような言葉をつぶやくのがいいでしょう。**

気休めだと思う人もいるかもしれませんが、自分は自分の応援団長。世界中の誰もが、あなたを認めなかったとしても、自分だけは味方。甘えるのではなく、自分を信じてモチベートして欲しいのです。

本書をご覧になっている人は、皆さん、真面目で勤勉。仕事に妥協を許さず自分に厳しい人だと思いますから、十分に頑張っている。ですから、ときにはお尻を叩くのではなく、明日へ向かって**「うまくいくボール」**をそっと置くイメージで自己暗示をかけて欲しい。

これは頑張っていない人がやっても効果はありません。正しい努力をしているあなただからこそ、活きる自己暗示です。

起床時には、その日を前向きに実りあるものにするための行動ができるように、「今日もいい日になりますね」と、青空に向かってつぶやく。

就寝時には、最悪な出来事があったとしても明日へネガティブな気持ちをひきずらないように「明日もいい日になりますね」と、夜空に向かってつぶやく。

これをルーティン化するといいですよ。

これは私が人間不信に陥り、頼れるのは自分だけと、自暴自棄になったとき、

「明日はいい日になって欲しい」

「明日こそはいい日になるよね」

そんな思いが一つにまとまってつぶやくようになったのが出発点。

その後、優しく諭すような話し方で、

「今日もいい日になりますね」

「明日もいい日になりますね」

になりました。

今では、心を整え元気をチャージするひと言として、毎朝毎晩、どこにいてもつぶやいています。

最初は自分のために始めた自己暗示ですが、続けるうちに友人や仕事仲間、離れて暮らす家族などの顔が浮かんで、彼らも一緒に「いい日になって欲しい」

「いい日になりますね」と思うように変化していきました。

ときには自分にハッパをかけたり、叱咤激励することも必要ですが、そんなときでも常に愛情と真心を込めたいものです。

元気ポイント
7
****
正しい努力をしているあなただからこそ、自己暗示が活きる。

第 2 章

*

テンションをあげる、とっておきの作法

行き詰まったときは青空を見上げる

第一線で活躍している経営者をはじめ、ビジネスパーソンにはポジティブな人が実に多いです。

日々厳しい決断を迫られ、何かあればすべての責任を負わなければならないプレッシャーに直面しながら、彼らはなぜポジティブな状態を維持できるのか？

これは20年来、私が抱き続けてきた疑問でした。

そんな疑問を持ち続けていた私ですが、「臼井さんは仕事に行き詰まることなんてないでしょう」とか「いつもポジティブでうらやましい」という言葉をいただくことがよくあります。

「なぜそう見えるのかしら？　私はめちゃくちゃネガティブだけど」

私自身、行き詰まりや落ち込みを回避するために、特別なことをしてきた意識はないので、謎は深まるばかりでした。

そんなあるとき、はたと気づいたのです。

ポジティブな人は8割を超える割合で、「お天道様に恥じない生き方をしたい」と言います。

空を見上げて「お天道様が守ってくれている」と言う人も多い。

言い換えれば、太陽を心の支えにしているのです。

青空や太陽には、人を惹《ひ》きつける力がある。

地平線から昇る「初日の出」に手を合わせる元旦の風景を思い浮かべてください。

それだけで神聖な気持ちになり心が晴れるでしょう。

あなたは日々、空を見上げることがありますか？

改めて考えると、あまりないという人が多いかもしれません。

目前の仕事の状況や何か作業をする手元は見ても、空は見上げないという人や、子供のころはよく空を見上げたけれど、今は見上げないという人。

あなたが今、空を見上げない人になっていたとしたら、それはもったいない。青空を見上げることは心の健康に役立つのですよ。

●空→青空は神経を落ちつかせます。

●見上げる→姿勢が正され気持ちが整います。

「空」と「空を見上げる姿勢」のコンビネーションが元気を生み出すのです。最近の研究で、こうした行動は疲労をやわらげ、集中力や能率の低下を抑えることがわかっています。

一日に何度か空を見上げることを習慣にすれば、姿勢がよくなり、元気が生まれ自信がみなぎり、心が落ち着きます。

姿勢が正されることで、肩こりや目の疲れが減り、基礎代謝もあがり、凛《りん》としたたたずまいにもなる。

そう言われたら、早速試したくなるでしょう。

仕事や人間関係に行き詰まりを感じて、お酒やギャンブルに逃げたり。落ち込みをもろに出して、他人を不快にさせたり。なぐさめてもらいたいと、友だちに泣きついたり。

そんなことをしなくても、青空を見上げれば、憂鬱や落ち込み、行き詰まりは解消されます。

思考が整理できず、頭の中がぐちゃぐちゃ……。そんなときは空を見上げましょう。

元気ポイント
8
＊＊＊＊＊＊＊
ポジティブな人は太陽を心の支えにしている。

青空を元気の味方にしよう。

オレンジでやる気を、赤でモチベーションを高める

色彩心理学では、オレンジや赤は元気が出る色といわれています。

弱音を吐いてしまいそうになる難しい仕事や面倒な作業、勝負をかけたい商談や厄介な人に臨むときには、オレンジや赤を服や小物に取り入れるようにするといいでしょう。

スーツで仕事をしている男性ならネクタイやポケットチーフ、女性ならハンカチや靴下、携帯ケースなどに取り入れることができますよね。

制服で仕事をしている人でも、ハンカチや靴下などの小物ならば、ルール違反にはならないでしょう。

私の友人にノートやメモ帳、ファイル、ボールペンなど、仕事で使う文房具をオレンジ色に統一している人がいます。

私の場合、スキマ時間に聴く携帯音楽プレーヤー用のイヤホンや、日頃使っているペンケースや化粧ポーチはオレンジ。

バックやコート、靴などには赤を取り入れています。

オレンジはやる気を高め、赤はモチベーションを高める色。

ところで、やる気とモチベーションは同じような意味で使われますが、私の理解では微妙に違います。

モチベーションとは、「こうしたい！」というやる気だけでなく、それを実現するための具体的な行動を決めること。また、実際に継続的に行うプロセスも含まれます。

つまり、やる気よりも、モチベーションのほうが闘争的。

ですから、赤はＴＰＯを考えて活かすのがいいでしょう。

私は赤を自分のモチベーションを高めるために使い、他人を意識しては使わないと決めています。

信号機の赤、交通標識の赤、消火器の赤……。これらは停止や禁止、警告など威圧感があるでしょう。

もしビジネスの場で相手が赤を身に着けてきたら、それは戦闘モード。真っ赤なジャケットやスーツ姿で現れたら、呑み込まれるような感覚を覚えるに違いありません。相手のビジネス戦略にはまってしまう可能性もあります。

そういう意味で、相手の心証を害することなく、お互いがポジティブになれるのはオレンジ。

スーツやワンピースなどでオレンジをコーディネートするのは難しいでしょうから、ネクタイやスカーフ、手帳やノート、バッグやポーチなどにオレンジを「差し色」のように使うといいでしょう。

それはお互いの「やる気スイッチ」をオンにする工夫でもあります。

ちなみに、私は苦手意識のある人に会うときや、交渉事を相手の会社や相手の馴染みの場所である「ホームグラウンド」で行わざるを得ないときには、ネイルと口紅は「真紅」にして出かけます。

以前はこういう場合、勝負服のように赤いスーツを着ていましたが、「キツイ性格」「厳しい人」「怒りっぽい性格」……、こうした芳しくない声を耳にするようになり、今は控えています。

「赤」は自分のモチベーションを高めるのには効果的ですが、相手や周囲の人たちには攻撃性や強暴性を感じさせてしまうようです。

「赤」はマイナスに働くことがありますから、注意が必要です。

元気ポイント

9

＊＊＊＊＊＊＊

オレンジと赤は元気が出る色。
ただし赤の使い方には注意しよう。

大切に思うからこそ離れる

「元気をもらいに○○さんに、会いにいく」

「元気になってもらえたらうれしい」

こんな言葉をよく耳にしますが、気心が知れた人であっても、お互いが会いたいと願う絶妙なタイミングでない限り、自己満足に終わります。

元気をもらったり、元気を与えたりは、基本的にできないと考えておいたほうがいいのです。

ましてや、初対面の憧れの人から元気がもらえると考えるのは幻想。元気はあくまで自分でつくり、自分で感じるもの。人に委ねるものではありません。

嫌なことや困ったことが起こると、「ちょっと元気が出なくて」「何だかやる気がわかないの」と、メールや電話をしてきたり、いきなり訪ねてくる人がいませんか？

おそらくその人は、「友だちなんだから愚痴の一つも聞いてくれるはず」「あなたは負担に感じないはず。だって私たちは友だちなのだから」と考えているのでしょう。

その人が実際に自分にとって大切な人であったとしても、正直を言って迷惑な話ですよね。

もし私がそんな場面に遭遇したら、
「友だちをいいことに、これぐらいしてくれて当然と思っている人なんだ」
と感じるだろうと思います。そして、その後の付き合い方を変えるでしょう。
「何か困ったことがあったら、いつでも相談にのるって言ってくれていたし
……」

そんな声が聞こえてきそうですが、「いつでも相談にのる」とか、「遠慮なく言ってくれ」という言葉の9割は社交辞令だと捉えたほうが、人間関係はうまくいきます。相手に負担をかけず、あなたの人間性も疑われずにすみます。

相手にアクションを起こすときには、想像力を膨らませて、

「大切な人は、今どんな気持ちでいるのかな？」

「大切な人は、今何をしているのかな？」

と、相手の心と行動に思いを馳《は》せましょう。それからどうするか決めても遅くはないはずです。

さらに気を配りたいのが、あなたにとってうれしいニュースを伝えたいと思うときです。

自分はハイテンション、幸せ指数マックスかもしれませんが、相手はそれを素直に喜べない状況かもしれません。

「この喜びをファンと分かち合いたい」

そんな著名人の声は多々ありますが、それは不特定多数のファンへの感謝であって、本当の意味での「分かち合い」ではないと私は受け止めています。

私たちは個々を大切に、相手を尊重して生きていく。大切な人には、よりそ

の気持ちを示す。大切な人だからこそ、離れるときがあってもいいのです。

新型コロナウイルスの感染拡大時には、

「あなたとあなたの大切な人の命を守るために、ステイ・ホーム」

「人との接触は8割減らす」

連日、報道されていましたよね。

そのときを思い出してください。

会えない、会わないからといって、大切な人は離れていったでしょうか？

そんなことはないですよね。

それまで私自身、大切な人の心と健康にまで気を配り、コミュニケーションをはかったことはありませんでした。

「相手のスケジュールや仕事の環境を配慮して、電話やメールでやりとりをする」「会うのは、やり取りが盛り上がったときに、制限時間を決めて」……。

そう気を配っていたつもりでも、本当のところはできていなかったのです。

「新刊が総合ランキング1位になった」なんて、出版業界とは無関係な大切な人に嬉々としながら電話をしたこともありました。

私の電話を受けたほうは、きっとテンションの高い私を傷つけまいと、無理やり話を合わせて「やったじゃない！　さすが！」と言ってくれていたのだと思うのです。

緊急事態宣言下のコミュニケーションを経験してきた私たちには、「大切だと思うからこそ離れる」という知恵を獲得しました。

この経験を忘れることなく、お互いの心身の元気を維持するために、人間関係を円満にするために、獲得した知恵を活かしていきましょう。

元気ポイント

10

＊＊＊＊＊＊＊

アクションを起こすときは相手に思いを馳せる。もう群れるコミュニケーションから卒業しよう！

ノリが欲しいときは、かけ声を活用する

「ヨイショ」

「さてと……」

「よし！」

　私たちは何か行動を起こすとき、無意識にかけ声をかけることがあります。

　バッターボックスに向かう際に「行くぞ！」と、かけ声とともに頬を叩くプロ野球選手や、取組に入る前に「しゃぁ～」と声を出しながら塩をまく大相撲の力士もいます。

　先日、テレビで高校女子サッカーの決勝戦で、試合前に円陣を組み「○○いちばん！」と手を挙げている光景も見ました。

日常の何気ない行動でも、プロスポーツの世界でも、アマチュアであろうと、お祭りであろうと、かけ声で奮起を促し、その行動にスムーズに入り込めるように「ノリを演出」しているのです。

このかけ声を仕事のスピードや集中力、持続力の向上に活かすのはもちろんのこと、テンションがあがらないときに実践してはいかがでしょうか。

トラブルやクレームの対応を上司や親しい人から、押し付けられたら、

「冗談じゃない」

「何で私がやらなくてはいけないんだ」

と嫌がるのではなく、

「よし！　やるぞ！」

こんなふうに声を出しながら目の前のことにあたるのです。

声に出すことで、自然とやる気が促され、本来あなたが持っている力を発揮しやすくなります。

しかし周囲に人がいる場合、たとえばオフィスでは、

「スイッチオン！」

「仕事モードオン！」

「よし！」

「サクサク」

「スイスイ」

などと声を出すわけにはいきませんよね。

本来は声に出すのがベストですが、心の中で念じたり、イメージしたり、キーボードを操作中ならば「スイッチオン！」「行ける！」などと、気持ちがあがる単語を打ち込むだけでもノリが得られます。声を出さなくても効果は得られますから安心してください。


「絶好調！……サクサク進む……いけるぞ、これ！……スゴイスゴイ……」

と念じながら仕事を進めるだけで、明らかにノリが違ってきます。

これは自己暗示。古典的な方法ですが、効果は多くの研究でお墨付き。何よりも私自身、かけ声で救われた経験を持っています。

大切な人の死と多忙を極める仕事の板挟みに、どう自分を保っていたらよいのかわからないとき、「やるしかない！」「やるんだ」と何度も声に出し、拳を天に向かって突きあげ、テンションを高めました。

泣きそうになるときには「逃げるな」「行くんだ」。

怠けそうになるときには「ふざけるな」「甘えるな」。

こんなふうにかけ声で自分を鼓舞させノリをつくり、仕事やプライベートをすごしています。

元気ポイント

11

＊＊＊＊＊＊＊

「かけ声マジック」で、
やる気を促し、潜在能力を導こう。

自分ができていることを書き出す

「施し」とは、一般的には恵み与えること、または僧侶に与えるお金や品物（布施）を意味します。「誰かに何かを施す」というと、上から目線で「与えてやる」というニュアンスを感じる人もいるかもしれませんが、私が考えている「施し」とは、

「自分が誰かの何かに役にたっていること」

を意味します。

ですからそれはお金や品物をあげるというのではなく、具体的に言えば、仕事において誰かの労力や時間をシェアする、仕事や社会生活を通じて世の中によい影響を与えるということです。

しかし、自分が誰かに「やってきたこと」とか「今、やっていること」は、

自分自身が行っていることだからこそ正確かつ客観的に見られないという面があります。

ですから自分の「施し」を正しく把握するためには、自分の上にもう一人の自分を置いて、

「本当に役立ったと思うの？」

「相手は心から、喜んでいるのかしら？」

「見返りを期待してやったことじゃないの？」

といったことを自分に問いかけ、「もう一人の自分というフィルター」で突っ込みを入れながら、施していることを紙に書き出すようにしています。

私は毎月1日にこの「施しチェック」を行い、書き出しを行っています。

前月、どんな施しをしたのか、アトランダムに頭に浮かぶままに、そのシチュエーションと自分の気持ちを記していきます。

2020年4月1日のリストには

●隣に住む一人暮らしの高齢のご婦人の買い物の代行をした（3月31日）。↓風邪をひいてつらそうだったので「買い物に行くけれど、必要なものがあったら、ついでに買ってきますよ」と、さりげなく伝えた。↓遠慮がちだったけれどお願いされてうれしかったし、届けたときの相手の笑顔は忘れない。

●熱海駅まで徒歩20分、すれ違う人すべてに「おはようございます！」と言った（3月2日）。これまで声をかけられてもスルーしていた自分を反省。↓こんなに気持ちがいいなんて。よしずっと続けよう。↓いい気持ちは相手と共有できるはず。

●レストランで会計後「特に◯◯がおいしかった。思い出に残る味です」と正直な気持ちを伝えた（3月13日）。↓満面の笑みを返してくれた。↓グルメレポーターのように飾った言葉よりも、素直な気持ちを言葉に込めたほうがいいと学んだ。↓「自分はサービス業」と自覚しよう。

●かかりつけ医に定期健診に行ったら「臼井さんのような元気な高齢者は貴重だよ」と冗談交じりに笑顔で言われた（3月1日）。↓ドクターだって人の子。「元気な人」を見るのはうれしいんだと改めて思う。↓病院だから病人がいて暗いムードになるのは当然。↓長居する、通い詰める場所ではない。

こんなふうに私自身の心象も描写しています。

ただし制限時間は30分。誰に見せるわけでもないのですから、殴り書きで結構。乱筆、乱文で構いません。

書き出すことで、元気な自分や元気になったシチュエーションが、鮮明になってくる効果があります。

今、悩みや不安を抱え元気が足りなくても、施しをした自分を見つけるとエネルギーが湧いてきます。元気の炎が燃えてくるのです。

元気ポイント

12

＊＊＊＊＊＊＊

施すとは、お金や品物をあげることではない。人と社会に役立つ行為をすること。

落ち込んでいる人に効くパワースポット

人に会いたくない、仕事から逃げたい、姿を消したい……。そういう落ち込んだ気持ちになるのは、人としてごく自然な姿です。

そんなときは何となく落ち込んでいるのではなく、体調や仕事の成果、評判や評価など、さまざまな要因がワンセットになってネガティブなことを考えてしまっているというのが常です。つまり、落ち込んでいるときは、いろいろなネガティブなものに巻き込まれてしまうのです。

もしネガティブループにハマってしまったら、「そういう気持ちになるのは、仕方がない、誰だってなるのだから」と開き直り、「落ち込むのは、物事を真剣に考えているから」「落ち込むのは、行動をしている証」と、自分を讃えて欲しいと思います。

夜はご主人が営む居酒屋を手伝い、昼は近所のスーパーで働き、二人のお子さんのママでもあるHさん（33歳）という女性がいます。彼女は、

「一つ歯車が狂いだすと、やるべきことができなくなる」

と訴えます。

彼女が風邪で二日寝込んだだけで、ご主人のお店はお客さんの注文に応じきれず、クレームの嵐。小学生のお嬢さんが二人で家事をやってくれたのはいいけれど、後片づけが大変。

パート先からは、「忙しい特売の日に休むなんて、あり得ないと」とパワハラまがいの言葉を浴びせられ、風邪は治っても心は折れたまま。

誰も手伝ってくれない、助けてくれる人もいない。みんな私のことなど心配していないんだ……と、どんどんネガティブループにハマったと言います。


こういうときには、**ネガティブなものを発する場所や人、モノに接してはいけないのです。**

ネットの掲示板や、批判的な書評レビューが集まるサイト、炎上しそうなブ

ログ、「ダメ・できない・無理・どうせ」が口癖のネガティブ思考の人や、悪口や噂話の好きな人はもちろん避けるべきですし、苦手な食べ物、行くのに大変な場所にも出かけてはいけません。

では、どうすればよいのでしょうか……。自分でコントロールできる範囲で、ネガティブな人、モノ、場所から離れるようにすればよいのです。

一方、こんなときに行くべき場所や会うべき人とは……？

そんなときの特効薬になるのが**早朝から活気づいている市場**です。

東京在住の人ならば、築地の場外市場。豊洲市場ならマグロの競りの見学デッキ（水産卸売場棟）や青果棟見学ギャラリー。

地域で開かれる朝市でもかまいません。

普段より早起きをして市場に出かけるというだけで、ポジティブな気持ちになります。

市場で働いている人や買い物客には、ぼんやり歩いている人なんていません。

市場は元気であふれています。

そんな活気のある人のポジティブを求めに、市場にいきましょう。

「ご主人のお店の仕入れも兼ねて、市場にいったらどうかしら？」

私は前述のHさんに、

「気分転換にもなっていいわよ」

と、市場見学をすすめました。

新聞配達や早朝から仕込みをしている豆腐屋さんなど。

朝早くから働いている人たちの活気に触れてみるのはいいですよ。

彼らの中から元気がない人を探すのは難しいですからね。

元気ポイント

13

＊＊＊＊＊＊＊

神聖な場所だけが「パワースポット」ではない。

早朝の市場は活気のパワースポットだ。

肝臓は元気の工場

肝臓の機能といえば「アルコールの分解」と思われがちですが、ほかにも食べたものを消化するときに必要な胆汁を合成・分泌する機能、私たちの体に必要な蛋白の合成と栄養を貯蔵する機能があります。

肝臓は私たちが生きていくために必要な５００種類以上もの化学処理を同時に行っていることから、「人体の科学工場」と呼ばれています。

私流の解釈ですと、**肝臓は元気の工場**。元気を生み出すには、肝臓を元気にすることがカギになります。

しかし、日常生活では肝臓に負担をかけてしまう場面が多々あります。

たとえば

①蛋白質不足　肝臓のエネルギー源が不足する。

②**胃弱**　栄養の吸収ができず、肝臓のエネルギー源が不足する。
③**アルコールの過飲**　解毒のオーバーワークになる。
④**高蛋白や高脂肪食**　過剰な栄養の処理を強いられる。
⑤**運動不足**　解毒がスムーズにいかなくなり、汚れた血液が貯まる。
⑥**便秘**　ガスの解毒を強いられる。
⑦**薬の乱用**　解毒のオーバーワークになる。
⑧**睡眠不足**　肝臓の労働時間が超過する。
⑨**ストレス**　自律神経が乱れ、機能が低下する。

やる気が出ないという人や落ち込みから抜け出せないでいる人は、ポジティブなフレーズを口にしたり、元気な人に会いに行くなど、元気を出す策を講じると同時に、肝臓の機能が低下していないかも疑ったほうがいいでしょう。

肝臓のケアは元気づくりの基本。肝臓が疲れているなと感じたら、アルコールを摂取しない休肝日をつくったり、プチ断食をする、腹巻でお腹を温める。成長ホルモンの働きを促すために早寝早起きの習慣づくりもよいでしょう。

ときには肝臓に手をあてて、「ご苦労さま」「疲れさせてごめんなさい」と、いたわりの声をかけましょう。

肝臓で十分に解毒ができてこそ、元気と美肌が手に入れられます。

究極の元気は、究極の毒だし（朝の便通）から生まれます。

これは私の経験則ですが、落ち込みやすい人やいつまでもネガティブな感情を引きずる人は、便通が滞りがちのようです。

美肌を保つためにも、「**朝は出す時間**」と意識し、起きたらまず1杯の水を飲む。すると胃腸が動き出し、便通がよくなります。

元気ポイント

14

＊＊＊＊＊＊＊

肝臓のケアは元気づくりの基本。ときには肝臓に手をあてて、いたわろう。

第 3 章

＊

心を整える
意外な作法

たちまち元気なる！　1秒ストレッチ

何だか憂鬱《ゆううつ》、やる気がでない。

こんなときって誰にでもありますよね。

体調が悪いならば、医療機関で受診をし、薬を処方してもらい静養をすればいいですし、寝不足が原因ならばその日は無理をせず早目に就寝すればいい。

仕事のミスや人間関係のトラブルが憂鬱の原因ならば、それを解消する策もある程度見えてきます。

問題なのは、原因がわからない憂鬱、元気のなさです。

「何だか憂鬱……」は、気まぐれや怠け心が言わせているように思われがちですが、実は深刻。

なぜそうなってしまうのか？　本人には身に覚えがありませんから、ただ困惑するばかりです。

こういうとき原因を追い求めるのは、さらに憂鬱になるばかり。精神的な負担になるのでやめたほうがいいでしょう。

なぜそうなってしまったかを考えるのではなく、むしろ、とにかく身体を動かす。

これは元気を維持、増進させる基本です。

身体を動かすことは、運動量やそれにかけた時間に関係なく、ポジティブになるために欠かすことのできない要素です。

ポジティブな身体の動きにつられて、心もポジティブになるのです。

「悩みがあるときには、息が上がるくらい激しい運動をして疲労困憊《こんぱい》させ、その夜は爆睡で元気を取り戻す」という人。「サウナに入り喉の渇きと暑苦しさの極限を課して、憂鬱を取り払う」という力業《ちからわざ》を駆使する人も私の周囲にはいます。でも、そんな過度な行動をとらなくても元気になれます。

たとえば、

●鏡の中の自分に向けてパンチ！

「大丈夫！」「イケてる！」など、奮い立たせるような言葉をかけながら、ボクシングのファイティングポーズをする。↓一瞬で爽快になります。

●指の腹を使って頭皮を優しくマッサージ

「いいことが起こる」「ツイてる」など、ポジティブなイメージを抱きながら五本の指で頭を鷲掴みにし、指の腹を使って後頭部、側頭部、頭頂部などをマッサージする。↓リフレッシュするだけでなく、血行がよくなり髪の毛にハリや艶がでてきます。

●「パン！」と手を叩く

過去のミスやトラブルを思い出してイライラ。定年後の生活や老後を不安視してモヤモヤ……。ネガティブな感情が止まらないときは、「パン！」と思い切り手を叩きます。↓切り替えのサインになり「今」に気持ちが引き戻され、考えてもどうしようもないことに引きずられる自分にさよならできます。

これらはいつでもどこでもできる、心と体をいたわり自分を癒し、元気を導くストレッチです。

元気が足りない、やる気が今ひとつでない。そんなときに試してみてください。案外簡単に元気は取り戻せるものです。

元気ポイント
15
****
ポジティブな身体の動きをすると、
それにつられて心もポジティブになる。

エネルギーを自然からチャージする

雲の大きさや空の色、太陽のきらめき、木々のささやき、鳥のさえずり、道端にひっそり咲く花、頬をなでる風、空気の匂い……、あなたはそうした自然の営みを感じていますか？

熱海に居を構えるまで、私は自然には無頓着。「当たり前にあるもの」と捉えていました。

「自然の営みに思いを馳せる」ということなどなかったのですが、移り住んだ熱海のマンションの庭には野蕗《のぶき》や三つ葉、茗荷《みょうが》、野蒜《のびる》、蕗《ふき》の薹《とう》、筍《たけのこ》が季節になると顔を出し、梅や栗、蜜柑など、自然の恵みが手に入るようになりました。

自然の営みには興味がなかった私ですが、食いしん坊ですから、「こんないいものをいただかない手はない」。

自然との触れ合いは「食」が出発点でした。

それから、ガーデニングに興味を持ち、ベランダ菜園でトマトやキュウリ、レタス、茄子《なす》、お茶や料理に使うハーブを育てるようになりました。

早起きして、手入れをするのは爽快。雑草の駆除や害虫退治も、あとで美味しい恵みを得られるためと思えば苦になりません。

水平線を昇る太陽の動きや新鮮な空気、木々の色……、毎日変化があるのです。気がつけば、変化を楽しんでいる自分がいました。

呼応するように、風邪や花粉症にかかることがなくなりました。ストレスが影響していたのでしょうね。悩まされていた抜け毛も改善しました。

じわじわ感じる自然のエネルギーが、私を元気へと導いてくれたのです。


土や植物、野菜たちに触れると、とても落ち着きます。

「こんなに大きくなったんだ」

「今年も会えたね」

と、その生命力に驚かされます。

手をかけてあげれば、応えてくれる楽しみがある。

穏やかさ、心地よさ、豊かさ、癒し、自然に対する感謝の気持ちで、明日を迎えるのが楽しみになりました。

特に感じたのは、時間がゆっくり流れる感覚。

そのおかげでイライラすることが減り、おだやかになり、ささいなことにも喜びを見つける私に変わっていきました。

「食いしん坊魂」から始まった自然との付き合いですが、どんどん心身のバランスがよくなり、健康になり、感性が鋭くなりました。地にしっかり足をつけて生きている感覚が強くなってきたのは間違いありません。


都会で暮らしている人の中には、土や植物に触れたり花や野菜を育てる環境がつくれない人もいるでしょう。

でも道端にひっそり咲くタンポポや意外な場所で見つかるアロエや、土筆《つくし》。季節になれば電車や車の窓越しに梅や桜、紫陽花《あじさい》、躑躅《つつじ》、皐月《さつき》などが眺められる。

銀杏並木の贈り物の銀杏《ぎんなん》拾いや駐車場脇に野蒜や初茸《はつたけ》（食べられますよ）などを見る楽しみ、触れて感じる楽しみ、食す楽しみ。太陽や雨や風、雲、空気、土……、自然からエネルギーをチャージすることができます。

そして、効率よく自然のエネルギーを得るには、早起きが決め手。

一度でも、早朝の清涼な空気の匂いを知ってしまったら、遅くまで寝ているなんて損。無理なく早起きになりますよ。

元気ポイント

16

＊＊＊＊＊＊＊

自然と付き合うと、心身のバランスがよくなり、「生きている感覚」が強くなる。

「明日の元気」は睡眠から

睡眠環境とは、睡眠時の室内の温度や湿度、照明の明るさ、空気のきれいさ、就寝時の服装といったことを指します。これらは、睡眠時に私たちが無意識のうちに受けるストレスにも大きく関係しています。

しっかり寝ているはずなのに、眠りが浅かったり、眠りの満足感が低かったりする場合は、睡眠環境の悪さが原因となっている可能性があります。

快適に眠れるよう、睡眠環境をベストな状態に整えましょう。

30年以上、私が実践している睡眠環境づくりをお話しします。

①照明

室内が暗いほど、睡眠ホルモンのメラトニンが分泌されます。そのため、私は就寝時は真っ暗にしています。

でも、真っ暗なところで眠るのが苦手という人もいますよね。そういう人は、間接照明やフットライトを活用してみましょう。光源から直接光が目に入らないので、まぶしさを感じにくくなります。

また寝る直前まで明るい蛍光灯ですごすと目が冴え、なかなか寝つけないもの。眠る直前までパソコンやスマホを操作するのはNGです。

ちなみに私は特別な用事がない限り、18時にはパソコンはシャットダウン。スマホの電源もOFFにします。

②室温

快適に眠れる室温は、16〜26℃程度といわれています。また湿度は通年で50%前後がベスト。夏場はエアコンの除湿機能を使い、乾燥が気になる冬場は加湿器を活用して湿度を調整。私は温湿度計を備えて確認しています。

現在の熱海の住まいは高台にあるので夜風が心地よく、窓を開ければ快適に眠ることができます。でも防犯上好ましくないので、眠る直前までベランダと入り口を開け放ち、涼しさを取り入れてから眠るという策を講じています。

そうはいっても、寝苦しい熱帯夜はエアコンを27℃に設定して眠るようにしています。

冬場の室温は16℃を目安に。日中、基本的に暖房は使いません。ただし、起床時に部屋が暖まっているよう、エアコンのタイマーを設定しています。

③服装

私の睡眠時の服装はパジャマ。パジャマは快適に眠るためにつくられており、体を締めつけないように考慮されているのでリラックスして眠れます。

肌触りがよく、吸湿性・放湿性の高いものを選んでいます。

④香り

アロマやルームフレグランスを使って室内をお気に入りの香りにしています。

おススメは、ラベンダーやカモミール。リラックス効果があり、スムーズな入眠に役立ちます。

⑤ベッド周り

リラックスして眠りにつくためにも、寝室は常に整理整頓。ベッド周りには、スタンドとナイトテーブルだけを置いています。

睡眠を大きく妨げるのは人の声といわれていますから、テレビやラジオをつけたまま眠ることはありません。

睡眠は時間の長さよりも質が大切。自分のライフスタイルにあった、最も心地のよい眠りが手に入る就寝時間と起床時間を探すといいでしょう。

私は基本19時に床につき、起床は午前2時の7時間睡眠。

こういうと驚く人がほとんどですが、午前中に仕事を終えて午後は自由な時間にあてたい。そのためには午前2時起床は譲れないのです。

起床してからストレッチやスクワット。体操をしてコーヒーをゆっくり味わってから、パソコンに向かい徐々に仕事モードになりエンジンが全開するのが午前4時。

そこから加速して2時間執筆、夜が明ける6時にはジョギングをスタート。1キロ走ってから温泉につかり、青汁とカスピ海ヨーグルトの朝食をとり、またパソコンへ。午前中には予定していた仕事は、ほとんど終えてしまいます。

このスタイルになって17年。元気も加速しているようです。

元気ポイント

17

＊＊＊＊＊＊＊

睡眠は、時間の長さよりも質が大切。積極的な睡眠対策で元気を加速させる。

朝の習慣で体のスイッチをON

私たちの生命維持機能をコントロールしているのは自律神経。

あらゆる内臓器官を自分の意思とは無関係に調整してくれる神経です。

自律神経は交感神経と副交感神経に分けられ、人が起きて活動している時間帯は交感神経が優位に。リラックスしているときや寝ている時間帯には副交感神経が優位になるといわれています。

交感神経が優位な場合は、血管が収縮して血圧が上昇し、心身が活動的な状態になる。副交感神経が優位な場合は、血管が緩んで血圧が低下し、心身ともリラックスした穏やかな状態になるのです。

自律神経が整っていればこの切り替えがスムーズにいきますが、乱れてしまうと切り替えがうまくいかなくなり、心身にさまざまな不調が現れます。

「とりたてて悪いところはない」

「検査をしても数値に問題はない」

「病気ではないが健康的でもない」

今は、こうした不定愁訴を抱える人が増えています。

症状が安定しないため治療も難しく、周囲の理解も得られにくい。

そうなると、どんどん元気から遠ざかっていきます。

私にはこうした事態を防ぐ、気分をあげる朝の習慣があります。

●寒くても3分は窓を開け、新鮮な朝の空気に触れる

寝室はもちろん部屋の空気を入れ替えます。太陽の光を浴びることで体内時計もリセットされ、気分があがります。

●3分間の瞑想で頭の中をスッキリさせる

座禅のポーズで目を閉じ、何も考えない時間をつくっています。

私はタイマーを3分にセットし、毎朝行っています。

続けるうちに、頭がクリアになって集中力が高まり、仕事のパフォーマンスが上がってきました。

3分間の瞑想で元気がチャージできるのを実感しています。

●朝食にはヨーグルトをとる

手軽なヨーグルトを朝食にプラスして善玉菌を増やし、腸内環境を健やかに保ちましょう。便秘の解消や免疫力の強化に役立ち、不快な症状が緩和されます。

一日のスタートを決める朝食には、意識して納豆やぬか漬けなどの発酵食品を摂る。これは、とくに女性の場合、「綺麗」にもつながります。

●1杯のコーヒーで体のスイッチをオンにする

コーヒーに含まれるカフェインには、交感神経を優位にする効果があります。

朝食後に1杯ゆっくりとコーヒーを味わう。すると頭もシャキッとクリアになりますよ。

一つひとつはささいな行動かもしれませんが、これらを組み合わせて毎日行うと元気と綺麗を日々チャージでき、不快や不安などとは縁遠いあなたになれます。

元気ポイント

18

＊＊＊＊＊＊＊

自分が決めた毎日の小さな習慣が、元気スイッチをＯＮにする。

「人を楽しませる」ことに集中する

俳優やアーティストに限らず、ビジネスシーンでも人気者といわれる人たちがいます。

彼らは、なぜ人気者になれたのでしょうか？

才能やスキル、キャリアや応援者など、条件がそろっていたから人気者になれたと考えるのが自然でしょうが、それだけでは人気は出ても長続きはしません。

人気を長続きさせている人たちの共通点でいちばん重要なのは「人を楽しませるのがうまい」ということ。もっと正確に言えば、人気者に共通しているのは、「人を楽しませることを楽しんでいる」ということです。

仕事やプライベートのあらゆる場面で、自分が楽しむだけでなく、どうすれば相手にも楽しんでもらえるかを常に考えることができているのです。

お笑い芸人はお客様が笑ってくれればくれるほど、自分も喜んで笑っています。

自分が蒔《ま》いた笑いのタネにお客が反応してくれたら、さらに大きな笑いを提供しようと、いっそう芸に磨きをかけます。お笑い芸人にとっては、お客が笑ってくれることが喜びなのです。

先日、ある歌手のライブに出かけたのですが、彼女はしっとりした歌の後に自虐ネタやおやじギャグでお客様を笑わせていました。

「昨日はたくさんの花束をいただきました。今日は札束かしら?」

「花粉症の時期にスギは嫌だ、スギは苦手だと、ラジオ番組でゲストにいらしたスギ様の奥さんの伍代夏子さんに言ってしまいました」

演歌歌手の声真似や「ここだけの話」をはさんでみたり。

そのたびに客席は大うけ。

歌とのギャップに皆がますます彼女のファンになっていきました。

お客様を大笑いさせることができなければ、人気のお笑い芸人にはなれません。

いくら歌が上手くても、笑いを提供できない歌手は、人気者になることは先ずありません。

これを自分に置き換えて考えてみましょう。

私の場合なら、仕事は著述や講演。これも人を楽しませる仕事です。

ビジネスパーソンならば、自分が関わる仕事で相手を笑顔にさせたり、幸せな気分にすること。やはり相手に楽しんでもらうことが、自分の幸せにつながっているのです。

「人の幸せなんて喜べない」

「ビジネスに笑いは要らないでしょう」

というのでは心の余裕がありません。

自分の利益だけを求めていることが明らかに感じられ、心も不安定。そんな状態では、やる気や元気を持続することはできないでしょう。

「人を楽しませる」「相手を笑顔にする」ことを自分の喜びにする。

楽しみを与える人には、いずれ楽しみが返ってきます。

「慕われる」「尊敬される」「頼りにされる」という形であなたのもとにやってきます。

楽しみを与え続けていると、いつの間にか周囲から「人気者」と呼ばれている自分に気づくはずです。

元気ポイント

19

＊＊＊＊＊＊＊

人気者が元気なのは、
人を楽しませることを楽しんでいるから。

ネガティブな感情は芽のうちに摘み取る

自分の成長や成功、幸福度を誰かと比べて優越感に浸るのも、虚無感に襲われるのも、まったく意味がないことだというのは誰だってわかっています。

今日よりも明日、明日よりも明後日……、1日1ミリの進歩でいいから、自分自身でやるべきことの進捗状況を冷静に見つめることこそ「生きている指標」。そう頭では理解しているのに、

「私は○○さんより、頑張っているのに」
「○○さんより、勉強しているのに」
「○○さんは部長のお気に入りだから」

ついついこんなことを言ってしまうものです。

物事がうまくいかない、目指しているところに到達できない、欲しいものが

手に入らないと、自分を過小評価したりいじけてみたり、きちんとした判断ができなくなります。

やがて周囲が敵のように思えて、

「誰も私を理解していない」

「味方のふりをしているだけ」

なんて考えはじめ、自分から壁をつくり、人を寄せ付けなくなる。

こうなるとネガティブループにハマり、抜け出すのは容易ではありません。私自身、何度も経験してきました。

ネガティブな感情は芽のうちに摘み取ってしまいましょう。

誰かの幸せや成功を心から喜べない、自分を不幸と思う、ツイていないとぼやく……、そんな兆候が現れたら、嫌なことや気に入らないことを紙に書き出してみることです。

誰かに見せるわけではないですから、キツイ物言いでも口汚い表現でもかまわない。心の中にあるドロドロした感情を、徹底的に書き出します。

そしてネガティブな感情がつまったその紙は丸めて、ゴミ箱へバンバン投げ入れます。

そうこうするうちに、スカッとしてきます。

「欲しいものは、簡単に手に入らないから価値がある」
「うまくいくことばかりだったら、感激しないよね」
うまくいかない状況を楽しめる自分になります。

不平不満、愚痴や悪口の類は、人に言うのはご法度《はっと》ですが、自分だけで完結するなら、吐き出したほうがいいのです。

「私は悩みなんてありません」
「十分満たされていますから」
そういう人はネガティブな感情の捨て場や吐き出し方を知っていて、方法は違っていても、私が提案する「丸めてゴミ箱へポイ」と同じようなことをしているはずです。

人の欲望は天井知《てんじょう》らずで、尽きることがありません。

傍目《はため》には恵まれている人も、「欲しいものが手に入らない自分」にイラついているかもしれないのです。

ネガティブな感情は引きずらず、紙に書き出し丸めてゴミ箱へ。

これは自分の感情と向き合い、折り合いをつける賢い方法です。

元気ポイント
20
＊＊＊＊＊＊＊

心の中にあるドロドロ感情は紙に書き出す。

その紙は丸めてゴミ箱へ。

涙活でいつでも元気！

「涙活」とは、2〜3分だけでも意識的に涙を流すことで「心のデトックス」を図ることです。

大人になるにつれて、涙を流す機会は減ってきますよね。

「ビジネスの場で涙を流すなんて恥ずかしい」

「泣くことは負けを認めることだもの」

そう考えてしまう気持ちはわかります。

「泣くなら仕事の成果をチームで分かち合い歓喜の涙を流したい」

「ワンチームの涙がいい」

私もずっとそう思っていました。

でも、「ワンチームの涙」に到達するのは難しい。それに、そもそも涙をこらえる必要はあるのでしょうか？

涙を流すことには興奮や緊張をほぐし、自分をリラックスさせる効果があります。

涙を流すと自分の中にある戸惑いや怒り、悲しみや敵意が薄れ、その結果ストレスの軽減につながるのです。

２０１９年12月、２０２０年1月と、大切な人と愛犬を私は亡くしました。最初は「涙は流すまい。泣き始めたら収拾がつかなくなるから」、そう考えていました。

夫の死や、その後に多額の負債を背負うことになったときとは比べ物にならないくらいの深い悲しみと戸惑いの中にいたので、あえて泣くことを我慢していたのです。

お笑い番組やコメディー映画を見て大笑いしたら、悲しみが癒えるかもしれない、少しは割り切れるかもしれないと思ったけれど、まったくダメでした。

笑顔にはなるけれど、どこかひきつっていている……。そこで以前行っていた「涙活」を再開しました。


カーテンを閉め、部屋を間接照明だけにして、研ナオコさんの「愚図」や玉置浩二さんの「メロディー」を流しながら、亡き人や愛犬に思いを馳せました。

「こうしてあげたかった」

「あのときなぜ、できなかったのか」

湧き上がる後悔の念を吐き出すように号泣しました。

ただし時間を決めて。


泣くことは笑うよりも、ストレス解消になります。

ストレスは悲しみや痛みだけではありません。

戸惑いや不安、理解されない、認められないというような焦燥感……、私たちが無意識に抱えているネガティブな感情。すべてがストレスです。

泣いた後は心の濁りがとれ、頭もスカッと。

笑いは我慢しても涙は我慢しないほうがいい。
場と時間を決めて「泣く」。
「涙活」は、心と体をいたわり自分を癒す術。
上手に取り入れて、いつも元気なあなたでいましょう。

元気ポイント

21

＊＊＊＊＊＊＊

「涙活」は「心のデトックス」、
興奮や緊張がほぐれ、リラックスできる。

第 4 章

*

元気を高め、
幸せを実感する作法

「1行ほめ日記」のススメ

元気を保ち幸せを感じるために、20年来私が続けているのが、自分へのほめ言葉を綴った「ほめ日記」です。

私たちの脳は、ほめられると喜ぶ性質を持っていることが、科学的に明らかにされています。そしてそれは、自分で自分をほめた場合も成り立つといわれています。

「やる気がでない」

「ネガティブ思考になりがち」

そんな人は、「手書きのほめ日記」で、自分をほめる習慣をつけましょう。

誰でも人からほめられると気分がよくなりますが、自分を自分でほめる人はどれほどいるでしょうか。まして日頃から自分を自分でほめる「ほめ日記」を実践している人はあまりいないのではないでしょうか。

「ほめ日記」はノートとペンさえあればいつでも始められます。やってみる価値はありますよ。


「ほめ日記」といっても、長続きさせようと構えないでいいのです。

とりあえず、3日、7日、10日……。書き方に特別なルールはありませんから気軽に始めてみましょう。

たとえば、

「プレゼンテーションがうまくできた、スゴイ！」

「早朝ジョギングで1キロ達成、えらい！」

「○○さんにスマートになったねと言われた、やった！」

「またあなたから購入したいとお客様から言われた、超うれしい！」

「最近、仕事が楽しい、いいぞ！　私」

という具合に、短くてもいいので「事実と自分をほめるひと言」をつけ加えるようにしましょう。

ほめポイントがわからないときは、性格や心の動き・行動・感性・発想や考え方・物事のプロセス・見た目の変化・気づきや自己発見などに思いを馳せてみましょう。

特別なことだけがほめポイントではありません。

「無駄遣いしなかった、えらい！」

「ネットサーフィンをやめた、素晴らしい！」

「私の心臓はよく働いている、立派だ！」

他人と比べて、良いとか悪いとかで判断するのではなく、自分で「いいな」と思えるところがあれば、1行でも2行でもいいので、思いつくままに事実を書き出して「ほめ言葉」を添えてみてください。

こうしてさまざまな視点から自分をほめる習慣を持つと、失敗やアクシデントが起きても明日につながる反省ができるようになります。

私が「ほめ日記」を20年続けて感じるのは、

● すぐに行動できるようになる。

●心配が消え、自信がつく。
●人を素直にほめられるようになる。
●集中力が高まる。
●打たれ強くなる。

どれもうれしい変化です。
「ほめ日記」を書いていくと、このようにいくつものプラスが生まれるだけでなく、元気が出て、自分の可能性が広がることにもつながります。

元気ポイント
22
＊＊＊＊＊＊＊
1行でもいい、どんなことでもいい。
「ほめ日記」習慣は、明日の「元気の素」になる。

「孤食」のメリットに目を向ける

２０４０年には、「一人暮らし世帯」が全世帯の４割になるという予測があります。一人暮らしが増えれば、当然「孤食」も増えます。

今では、焼肉店や居酒屋、寿司店のカウンターでも一人で食事をする人が珍しくなくなってきました。

「孤食」には本人の意思とは別に、一人で食べることを余儀なくされているという、文字通り「孤独」を感じさせてしまう背景があるので、寂しそう、可哀そうと感じてしまう面もあるでしょう。

共働きで帰りが遅い両親を持つ子が、用意された食事を一人で食べる。

一人暮らしのお年寄りが、テレビを見ながら食事をする。

こんなケースに加え、未婚率の高まりもあり「孤食」が増えています。

「孤食」については、いい評判は聞こえてきません。ほとんどデメリットです。

たとえば、

●好きなものばかり食べて偏食に陥る。
●飲酒量が増え、アルコール依存症になる危険性を高めている。
●便秘や肥満など健康不安がある。
●早食いやダラダラ食いなど、食事マナーが悪くなる。

などです。幼少期に「孤食」の環境で育った場合、大勢で食事をすることが苦手になり、その後の人間関係にまで支障をきたすことも懸念されます。

悪い影響ばかりが挙げられている「孤食」ですが、一人暮らしの人は避けて通れません。

しかし、本当にデメリットばかりなのでしょうか？

私の場合、主人が存命中も亡きあとも、接待やパーティー、出張など特別な場合を除いて、私はほぼ「孤食」で生きてきました。幼少期も成長期も共働きの両親を持っていた私には、家族で食卓を囲んだ経験は数えるほどです。
今までの人生もこれからの人生も、食事の8割は「孤食」でしょう。

一人でご飯を食べながら「孤食だわ」なんて、落ち込む必要はありません。
そもそも一人で食べることを寂しいこと、辛いことと考えるから「孤食」のデメリットばかりが指摘されているとはいえないでしょうか。

一人で食べる食事でも

- 楽しんで料理をする。↓つくりたい料理を自由に作り味わえる。
- 好きな食器をそろえてみる。↓簡単な料理でも器を主役にすればご馳走になる。
- 食卓のセッティングに気を配る。↓自分好みの食卓を整えられる。
- 感謝して食べる。↓自炊でも外食でも、食事へのリスペクトが生まれる。
- イベントを取り入れる。↓正月やクリスマス、誕生日などの一般的なイベントだけでなく、亡き人の誕生日や命日、初めての給料日などに相応しい料理を考え味わう。

こんな工夫をすれば、食べたものは心と体の栄養になってくれます。

また、「ダイエットしたいけれど、家族がいるから私だけ別メニューにできず、普通に食べてしまう」「私以外は揚げ物好きだから、高カロリーになりがち」「野菜嫌いな主人に合わせた献立は、明らかにバランスが悪い」……。

孤食はこんな悩みとは無縁で、誰に気兼ねをすることもなく、思い通りに献立を組み立てられるのは「孤食」ならではのメリット。

デメリットばかりが指摘される「孤食」ですが、**自分がどう感じるかを大事にすることで、「孤食」を楽しいものへと変えていくことができます。**

大切なのは、心がどう感じるのか、体がどう感じるのかです。

食事は元気の源泉。どんな食事でもポジティブに捉えていきましょう。

元気ポイント
23
＊＊＊＊＊＊＊
「孤食」は思い通りのメニューが組み立て可能。

実は「孤食」はメリットばかり。

一人ファッション・ショーで自分を磨く

私は自宅で「一人ファッション・ショー」を30年あまり行っています。
最初は、新調した服の着心地を少しでも早く確認したかっただけなのですが、それを続けるうちに「一人ファッション・ショー」には、もっと大切な意味があることに気づきました。

新しく買った服は、どのように使いこなせばいいのか。何と合わせたらしっくりくるのか。買ってもすぐにクローゼットにしまいこんでしまうと、いざ着ようと思ったときに迷いが生じてしまうもの。

一度迷い始めると、面倒くさいから着慣れた服を選んでしまいます。
気づけばその連続で、タンスの肥やしになってしまう。
服にも準備が必要なのです。

「一人ファッション・ショーなんて、ナルシストだ」とは、思わないでくださいね。

これは新調した服と既存の服や小物たちを仲よくさせるお見合いの場であり、買った服をしっかりと活かすための大切な時間。また、最近着ないけれど大好きだった服に再登場してもらう場でもあるのです。

座っている時間が長いとき、外回りが多いとき、デートや女子会のときなど、いろいろなシチュエーションを考えて服を選定。その中から堂々と胸を張れる「鉄板コーディネイト」を決めます。

私はスマホで撮影して保存して、その着こなしを何度も見返します。自分自身が見慣れるようにするのです。

そうしておくと、スマホで見慣れているので選んだ服に自信が持てる。視覚的に「着慣れている」から、違和感なく新しい服でも不安なく出かけることができます。

タンスの肥し寸前だった服や小物が、よみがえることもあります。

着慣れていない服を着ると、自信のなさが現れる。自信がないので元気も出ない。

迷いがある服は堂々と着られません。服に迷いがあると、表情やしぐさ、雰囲気に不安が漂い、着こなせないのです。

心も体も元気なのに、着慣れない服でその元気を覆い隠しているとしたら、もったいないですよね。

でも大丈夫！「一人ファッション・ショー」で自信をつければいいのです。いつもおしゃれで、会うと元気で爽やかという人は、たくさんの時間、鏡の前に立って試着をしてきた人だと思うのです。

試着はトレーニング。「一人ファッション・ショー」はトレーニングを重ね理想のスタイルを獲得する習慣です。

「こういう着こなしもいいなあ」
「こういう組み合わせも案外いける」

鏡の前に立って、ポージングしながら試行錯誤している時間が、ファッションセンスを磨いてくれるだけでなく、自分の魅力に気づいたり、カッコよく着こなすには姿勢が肝心とか、もう少しウエストをシェイプしたほうがいいとか、どういうメイクやヘアスタイルがよいかも気づかせてくれます。

お洒落センスが磨かれると同時に、心身ともに元気になっていきます。

ダイエットが続かない、体形に悩んでいるという人は「一人ファッション・ショー」を行うことで、現実を突きつけられ健康的にお洒落になる可能性も高いですよ。

「一人ファッション・ショー」は私のキレイ習慣。これが面倒になったら、心も体も衰えた証拠。踏み絵のように捉えています。

元気ポイント

24

****

一人ファッション・ショーで鉄板コーデを！

服に迷いがあると、表情、雰囲気に不安が漂う。

「夕食抜きの一日二食」で心も体も絶好調

「一日三食、きちんと食べる」。これは健康的に生きるための「常識」とされてきました。

私自身、33歳で結婚をするまで一日三食を続けてきました。

しかし、結婚して腕を振るった夕食も、

「お腹が空いていないからいらない」

「昨日食べすぎたから、今日は絶食する」

と言われ、何が根拠かわかりませんが、

「大人になったら、一日三食食べる必要なんてないんだ」

平然と言う夫の影響で、「夕食抜きの一日二食」の生活が30年続いています。

痩せようとか健康のためにと意気込んで始めたわけではないのですが、年を

重ねるごとに、その効果を実感しています。

中学生のころから、頭痛や耳鳴りがひどく朝起きるのが辛い、だるい。わけもなくイライラする。私は今でいう「キレやすい性格」を抑えるのが大変でした。

「このままでは悪い道にすすんでしまうのではないか？」

漠然とした不安もあったので両親にも訴えましたが、

「なまけ癖でしょう？」

「甘えているんじゃないの？」

と一喝されるだけ。取り合ってくれません。

私の思春期は体調不良と戦う日々だったのです。

大人になり病院で診察を受けましたが、特に問題なし。不定愁訴で片づけられてしまいました。

そんな私が「夕食抜きの一日二食」を始めた2日目から変化が現れました。

起きるのが楽になり、だるさがなくなり、頭痛や耳鳴りが消え、体を動かすのが楽しくなりました。

そして半年で苦もなく10キロ痩せただけでなく、肌の色ツヤもよくなり、心地よい空腹感のおかげで「昼食には何を食べようかしら」と考えるのが楽しく、「バランスよく食べるにはどうしたらいいのかしら」

「この食事には彩りがたりないなあ」

と、食事に対する姿勢が健やかになり、思考もポジティブになりました。

おなかが空いて何を食べようかと考え、おいしく食べる喜びを知ると、一日三食には戻れませんでした。今ではそれが健やかな食べ方だと考えています。

実際、年を重ねるごとに同年代の女性よりも若々しく、アクティブ。視力の衰えや風邪とは無縁。花粉症やインフルエンザにかかることもありません。

ライフスタイルは人それぞれですから、絶対に「夕食抜きの一日二食」がいいとはいえませんが、調べてみると一日二食は理にかなった健康法だということがわかりました。

体が食事を完全に消化吸収して排泄を終えるまで、18時間あまりかかるといわれています。

その間に、体は求めていないのに食べ物が入ってきたら、腸は消化吸収をしなくてはいけないので、内臓は24時間フル稼働することになります。

フル活動し続けていると、当然内臓は疲れてしまいますよね。

体の疲れがとれない、毎日がだるい、イライラするという人は、「夕食抜きの一日二食」を取り入れてもいいのではありませんか？

心身ともにスッキリして、仕事や家事などへのモチベーションが格段にあがります。

元気ポイント

25

＊＊＊＊＊＊＊

「夕食抜きの一日二食」と「楽しく食べる」習慣が、思考も体も健康にしてくれる。

こまめに自分のご機嫌をとる

元気とは「心身ともに健康であること」が大前提です。

たとえば健康診断の血液検査や測定結果など、数値化されたものがすべて基準内だからといって、心が伴っていなければ健康とも元気ともいえません。

私が意識しているのは、体の健康面はもちろんのこと、常にご機嫌でいられるメンタルを管理することです。


主人が他界した14年前、悲しみを忘れようと仕事に没頭しすぎ、体力もメンタルも限界に。うつに陥った経験から、自分を心地よい状態に保つ時間管理を徹底するようになりました。

一日のタスクを「見える化」し、スキマ時間を確保し、こまめにガス抜きをすれば、モチベーションが維持できます。

昨今、働き方改革が叫ばれていますが、**日々こまめなご機嫌習慣を取り入れるのは、いわば臼井流の「働き方改革」**です。


私のこまめなご機嫌習慣には、「3分ハンドマッサージ」や、5分もあればできる「ネイルケア」は欠かせません。

仕事をする手指があれていたり、爪がボロボロではテンションがあがりませんからね。

正確なスケジュール管理で確保したスキマ時間は、気分転換に活用します。

海が一望できるホテルのラウンジでくつろいだり、足湯ですっきりしたり。

自宅の温泉は、ご機嫌習慣の要ですが、長風呂をせず1回3分ほど。スケジュールの合間に入浴して、リフレッシュしています。

仕事柄、パソコンに向かい目を酷使することが多いので、市販のホットアイマスクで5分ほど目を温め、眼精疲労を軽減するのもご機嫌習慣の一つ。

目を温め筋肉を緩ませリラックスさせると、考え方もポジティブになりますよ。


それでも仕事で落ち込んだときには、「自分ハグ」で気分をあげています。

「自分ハグ」をするときは、右肩と左肩を抱きかかえるようにして深呼吸し、

「大丈夫、あなたは最高！」

「乗り越えられないことなんかない、あなたならばできる！」

とさとすように語りかけます。

すると気持ちがあがり自分に優しくなれます。

こうしたこまめなご機嫌習慣を取り入れるようになってから、ストレスとはほぼ無縁。人に対しても優しくなれました。


これまで自分本位だった考え方が、相手の立場や環境を思いやれるようになり、相手の笑顔が見たいと考えるようになりました。

こまめなご機嫌習慣が、人間関係で大きな変化となって現れたのです。

自分が得たよい情報は独り占めせず、仕事仲間や友人とシェアするように

なったり、他人から教えてもらったことは、実践してその感想もシェア。

この繰り返しが縁を育て、思いもよらない仕事につながったり、念願だったテーマの本を著すチャンスをいただいたり、いつもウキウキしている自分がいます。

ご機嫌な人にはご機嫌な人が集まり、ご機嫌の輪ができ、皆が元気になる。

先ずは自分をご機嫌にするところから、始めてみましょう。

元気ポイント

26

＊＊＊＊＊＊＊

毎日の「ご機嫌習慣」は、
人間関係にも大きな変化を与える。

会話はなくとも心は通じる

私たちはお互いに顔を合わせて挨拶や会話を交わすなど、コミュニケーションをとりながら日々を送ってきました。

ところが近年は、対面していてもコミュニケーションをとる場面が少なくなりました。コンビニエンスストアやスーパーマーケットでは、極端な場合、ひと言も言葉を交わさなくても買い物をすることができる。

仕事の関係者や友人でも、会話を交わさなくてもメールやLINE、SNSでのやりとりで、簡単な用事はすますことができます。

しかし重要なことを決める場面や相手のことをもっと知りたい、学びたいというときには、対面のコミュニケーションは欠かせません。

私自身、メールや電話で頻繁にやり取りしてきた相手でも、会って初めて理解できた、こちらの誤解や勘違いがわかったということが少なからずあります。

事務的なメールでは伝わらなかった「元気」や「やる気」「個性」などは、実際に会うことなしにはなかなか感じることができません。

人は対面で言葉のキャッチボールをしながら「熱」を感じることで、お互いを深く理解することができるのではないでしょうか。

コミュニケーションは、

①聴く力

- 相手の話に共感しながら聴く。
- 会話のポイントを押さえ、質問を考えながら聴く。
- 5W1Hやキーワードなどで話の流れを追いながら聴く。

②話す力

- 相手に届くような姿勢や発声で表現する。
- 相手に伝わるようにわかりやすく話を構成する。
- 相手のメリットになる情報を取捨選択して工夫をしながら表現する。

③伝え合う力

●相手と自分の意見や捉え方の違いを把握しながら聴き、客観的に伝えることができる。

●根拠を明確にして、自分の意見を伝えることができる。

●相手の質問に対して、わかりやすく適切に答えると同時に、ポイントを押さえて相手に質問することができる。

これら3つの力を存分に発揮してこそ成立するものです。

そのためには、誰でも視覚、聴覚、嗅覚・味覚・触覚の五感のうち少なくとも、「視覚」と「聴覚」は必ず使います。

私の場合は、相手が好ましい存在か、大切な人になるかを想像するときは「嗅覚」。握手をしたり肩にそっと触れたりして相手の反応をみるのは「触覚」という具合に、五感のうち2~3つをフル稼働して対面してきました。そうしてこそコミュニュケーションの充実が図れると捉えているからです。

ところが2020年の春、新型コロナウイルスの感染拡大に伴う外出自粛で、対面でのコミュニケーションができない事態が生じました。パソコン相手に黙々と仕事をして、連絡はFBのメッセンジャーかメール。同僚や部下ならばLINE。プライベートの交流も携帯電話でのメールやLINE。ときにはリモート会議やオンライン食事会、女子会などでパソコンの画面越しにコミュニケーションをはかりました。しかし、直接会って会話をしたときのような「熱」を感じることはできないまま終わりました。

私のように一人暮らしをしている人の中には、誰ともひと言も話さず一日を終えたという人もいたでしょう。

そんなとき、普段は「ちょっと面倒くさいな」と思っている人から「ひとり暮らしでしょう、大丈夫？」と短い電話がかかってくる。それほど親しい間柄ではないのに「運動不足にならないように、僕はストレッチしているよ、由妃さん、くれぐれもご自愛ください」とCメールが届く。FBの投稿に「臼井さんの発信で元気をもらっています」と、会ったことのないWEB上の友達からコメントをいただいたり……。

笑みがこぼれたり、胸が熱くなり涙があふれたり、多くの学びを得ました。

生活を不便なものにした外出自粛ですが、聴く力、話す力、伝えあう力がそろっていなくても、相手が置かれている立場や心境を「想像する力」があれば、会話はなくても心は通じるものだ。コミュニケーションの神髄は「想像力にある」と確信したのです。

メールやLINEを使う際には、「相手は今、何をしているか」と思いを巡らせ、自分が受け取る側になった場面を想像して「正確に明快に理解できるかしら？」と、直接対面する気持ちでデジタルツールを使うようにしましょう。

ちょっとした努力であなたの思いは確実に伝わります。

元気ポイント

27

＊＊＊＊＊＊＊

コミュニケーションの神髄は「想像する力」。想像力があれば、デジタルツールでも心は通じる。

生存確認をイベントにする

２０２０年４月７日に一都七府県を対象に緊急事態宣言が発出され、約２か月間の外出自粛を強いられました。

自分の命と大切な人の命を守るために、「人との接触を８割に抑える」を求められました。

私の場合は、会議や打ち合わせは、ＺＯＯＭやＦＢのメッセンジャー、スカイプを活用。先に検討する内容を記したファイルをメールで送り、そのあと画面越しにお互いの顔を見ながら打ち合せ。

執筆をメインにした仕事はほぼリモートワークですみました。

それは必要かつ最小限度の人とのつながり、会う必要性がある仕事を介したコミュニケーションです。

外出は早朝誰もいない時間のジョギング（通気性のよいマスクをつけて）やウオーキングぐらい。

食料品や日用品の購入はネットスーパーや通販を利用。

一人暮らしですから、対面で会話をしたのは宅配便や郵便の配送の人とのひと言、ふた言。この間、９割以上は人との接触を避けることができました。

国難ですから協力するのは当然。

窮屈な生活の先には、明るい未来が待っている。

このピンチを教訓に、きっと新しい文化や仕事が生まれる。

日々を乗り越えるために、国難もチャンスに転換できる。

そう捉えることにしました。


そうはいっても、人恋しさは募ります。趣味を通じて交流をしてきた歌友（歌を通じての友人）のことが気になります。

馴染みにしてきた飲食店のマスターやエステサロンの店長さん、美容室の担当者さん、身体のメンテナンスをお願いしいる鍼灸師さん……。みんなどうしているかしら？　彼らの顔が浮かび、会いたさは増すばかり。

営業自粛要請を受けたお店ばかりではありませんから、その気になれば会いにいくこともできましたが、やはり今は遠慮するときだと我慢しました。

自分も含めて一人暮らしの友人たちのことが気がかりでした。

報道で「コロナ陽性反応が出ても軽症者は自宅待機」→「軽症者が自宅待機中に容体が急変して死亡」。他人事《ひとごと》ではありません。

私は一都七都府県に緊急事態宣言が発出された直後から、親友と毎朝8時に「生存確認」のメールをかわす約束をしました。

「生存確認」なんて仰々しい物言いですが、これがあるとないとでは安心感が違うのです。

気を配ったのは単なる「おはようございます！　今日も元気です！」とか「おはよう！　いいお天気だね」ではなく、「昨日、つくりました。でも失敗！」と、料理を持って残念な表情を浮かべた写真。「自粛太りです！　何だこれは？」と、お腹の脂肪をつまんだ写真。

ほかにも、「激レア写真。スッピン初公開！」とか、「ウケるといいなあ？」と変顔、「一瞬だけの歌マネ動画」を添付したり。

こんなふうに「生存確認」をイベント化しました。


そんな工夫をして心を満たさなければ、毎日が嫌になっていたでしょう。「（冗談ぽく）生きている？」「大丈夫？」「外に出ないようにしようね」では、いくらポジティブな私でも、長い自粛期間を前向きには生きられません。

一人暮らしの人ならば、孤独を楽しんでいたスタンスが、寂しい、怖いというスタンスに変わりかねないでしょう。

気持ちが滅入ると、免疫力が低下します。

免疫力が低下すれば、新型コロナウイルスには勝てません。

免疫学や伝染病の専門家でもない私が言うのもおこがましいことですが、自分と大切な人の元気は自力で作る。そのための「生存確認のイベント化」でした。

こんなに辛く苦しく悲惨なことは二度とあってはいけませんが、新型コロナウイルス感染拡大で生まれた新たなコミュニュケーションの手法を活用して、私たちの日常がより豊かなものになったのではないかと思います。

元気ポイント

28

＊＊＊＊＊＊＊

緊急事態下での「笑える生存確認」は、免疫力を高めてくれる。

心と体のケアはお金をかけなくてもできる

不慮の事故や災害は自分の意志や力では避けることができません。

しかし、免疫力を高め、身体の機能を正常に働かせる知恵や工夫を怠らなければ、心と体の健康は自分で守ることができ、お金や手間をかけなくても健康の源である「元気」を生み出すことはできます。

では、どうすればよいのか。

心と体のケアで、日ごろ私が行っている2つの運動を紹介しておきましょう。

どれもあきれるくらい簡単で単純。すぐに始められますし、

「効く！」

「実感した！」

そんな声がこちらに聞こえてきそうなほど、誰にでもできることです。

①心を整え身体機能を目覚めさせる「起き抜け5分間ストレッチ」

自分の体の中で弱いパーツを中心にストレッチを行います。私は左の股関節が固いので、左右のバランスをとることを意識しながら、

●両足の裏を合わせ、あぐらのような姿勢になって、かかとを身体に引き寄せる。
●骨盤を立て30秒ほどゆっくりと深呼吸。
●背中を丸めないように注意しながら床に手をつけ、ゆっくりと上体を前に倒し「イタ気持ちいいくらい」のところで止める。
●そのまま1分ほどゆっくりと深呼吸。

これを3〜5セット行います。

②スキマ時間に「ついでスクワット」

私はノーマルスクワットで足腰の基礎をつくっています。

歩かないから足腰が弱くなる。足腰が弱くなるから歩けなくなるという悪循

環をつくらないために、朝と晩に100回ずつ、執筆の合間や待ち合わせ場所に早く到着したときなど、スキマ時間に1日おおむね100回。合わせると300回ほど行っています。

「300回もやるの?!」

と驚かないでください。決して苦行ではありません。私自身、最初は1日50回ほどでした。

1日50回でも、1週間ほど続けると汗をかきやすくなります。

普段と変わりなく食事をしていたのに1キロダウン。特にウエストが引き締まったことに驚きました。

それに気をよくして徐々に回数が増えていきました。

スクワットのやり方は、

- 足を腰幅まで開いて立ち、つま先は膝と同じ向きにする。
- 肩甲骨を寄せて下げ、自然な背筋を保つ。
- そのままお尻を後ろへ突き出すように、股関節から折り曲げる。

●床と平行になるまで太ももを下ろしたら、ゆっくりともとの姿勢に戻る。

下半身の筋肉は、全身の約70％を占めています。つまり、下半身の筋肉量や活動量を増やせば、効率よく基礎代謝を上げることが可能です。

ストレッチやスクワットで汗をかく心地よさを知ると同時に、血行がよくなり美肌になりました。また、心肺機能が鍛えられるのか、疲れにくい身体にもなりました。

いちばんのメリットは、自分の心身がより元気になっていくプロセスを実感できたこと、体調の変化を素早く感じられるようになったことです。おかしな兆候が現れたら、消化のよい食べ物を腹六分目。手洗い、うがいを入念にして、無理をしないで就寝します。

自分にとって心と体がベストな状態とはどういうときなのか。ストレッチとスクワット、その後に日課になった1キロのゆっくりジョギングで明確になりました。

ジムやスタジオに通わなくても、自宅でも効果的な運動はできます。

運動に対する感性が高まると、自分の心と体の声に耳を傾けることがすんなりできるようになります。

そうなれば、元気の主導権はあなたが握ったも同然です。

元気ポイント

29

＊＊＊＊＊＊＊

運動を日課にすると、心と体のベストな状態がわかってくる。

第 5 章

*

「元気な人」に人が集まる！

仕事ができるだけでは「人の心」はつかめない

あなたが興味や関心を抱く人や仲よくなりたいと思う人はどんな人でしょうか？

仕事ができる人、お金や人脈などのメリットを与えてくれそうな人、話し上手で飽きさせない人、すごいスキルやキャリアの持ち主……。

こんなイメージの人たちが挙がってきそうですが、どうもピンときません。仕事の場ではそういう人たちは目立ちますし、高いポストを得ているはずです。

確かに付き合って損はないでしょうが、そこに目がくらんでいると、本当に付き合うべき相手を見逃します。

その仕事やポスト、スキルやキャリアが活かせない場になったら、彼らの輝きは一気に失われる。人も運も離れていくからです。

仕事ができるだけでは、人の心はつかめないのです。

私たちが付き合うべき相手、なるべき姿は、ナチュラルな明るさと元気を持つ人。

そんな人は周囲を明るく元気にしてくれます。

特別な才能がなくても、誇れるような経歴がなくても、ナチュラルな明るさと元気を持つ人は自信が満ち溢れています。

ここでいう自信とは、「○○さんと比べて△△が優れているから私はスゴイ」というような相対評価から生まれるものではありません。

以前はできなかったことが今はできるとか、誰に対しても同じ姿勢で接するというような、学びや経験、成長から生まれる自信です。

相対評価で生まれる自信は、仕事でミスをおかした途端になくなってしまいます。

「社内でいちばん英会話に長《た》けている」とか、「異例のスピードで管理職になった」というようなことから生まれる自信も同様です。

本当の意味で自信がある人は、得意なことで失敗をしても、信頼していた人に裏切られても、自信を失ったりしません。

結果を反省し、なぜそうなったのかを分析するので、二度と同じミスはおかしません。言い訳をして逃げたりせず、欠点やコンプレックスすら認める。起きてしまったことは仕方がないと割り切り、落ち込む間もなく立ち直ります。

本物の自信を持っている人は、いつまでもクヨクヨしないのです。


誰の人生にも、必ず困難はあります。

大切な人との別れやちょっとした誤解から生じた人間関係の軋轢《あつれき》。仕事で大きなミスをして会社での居場所をなくした。お金で苦労する場合もあるでしょう。

当然、明るく元気ではいられませんよね。

立ち直ろうとするには、強い意志と行動力が求められます。

それならば、立ち直らずに心が沈んだままのほうがラク。周囲もなぐさめてくれるからと、無意識にネガティブな状態を選択してしまう人もいます。

そういう人を責めることはなくても、誰もが心の中では、

「近寄るのはよそう」

「陰気な人とは、距離を置きたい」

と、拒絶しています。


一方、どん底を知ってそこから本当に立ち直った人は、健やかで明るく元気です。周りの人にも、健全な明るさや元気さを与えます。

尊敬され、一緒に仕事がしたいと思える魅力的な人だったりします。

元気ポイント
30
＊＊＊＊＊＊＊
本物の自信を持っている人と付き合おう。

その人は、健全な明るさと元気を与えてくれる。

元気すぎる人、やたらに明るい人は煙たがられる

元気の生み出し方を考えるときに気をつけたいのは、自分にとってポジティブなことを受け入れ、ネガティブなことはすべて避けるという姿勢です。そうしないとあなたの心身だけでなく、人間関係のバランスまで崩してしまいます。

人間関係の構築にはエネルギーのコントロールが大切。元気すぎる、やたらに明るい人は、周りを疲れさせる危険性を秘めているからです。

誰もが知るスポーツ選手や著名人には、いつも元気いっぱいの人がいます。

そんなエネルギーに溢れた人は魅力的で、人を惹き付け元気づけます。

しかしそれは、メディアを通じてたまに接するからいいのであって、いつも

身近でやられたら閉口します。

そういう人は、間違いなく煙たがられます。本人は気づいていませんが、ペースを狂わせられる側は、心身ともに疲れるのです。


「○○さん、頑張っているね。いいぞ、その調子で頼むよ」

部下たちに次々と声をかけ、肩を叩く上司。

「○○さんなら、もっとできるはず、頑張れ！」

などと、はっぱをかける先輩があなたの周囲にもいませんか？

元気すぎる人、やたら明るい人は相手が集中して綿密な作業をしていようが、面倒な計算をしていようが容赦しません。

彼らは、元気で挨拶をすることがいちばんの目的なので、相手の状況やペースを乱そうがお構いなしです。


友人やご近所付き合いでも元気すぎる人、明るすぎる人はハイテンションで、

「おはようございます！」

あなたが普通に、

「おはようございます」

と挨拶しても気に入らず、

「元気がないですね」

などと追い打ちをかけてきます。


つい先日、ハイテンションで挨拶をしてきたご近所さんから、

「(臼井さんは)ダイエットのことばかり考えているんじゃないの? もっとご飯を食べて元気よくしないとだめよ」

私があっけにとられていると、

「私は、朝4時起きで散歩して朝ごはんはしっかり2膳」

「そうか、臼井さんは夜更かしだから元気がないのね。早寝早起き朝ご飯2膳が基本!」

と決めつけ発言。

「私は午前2時には起きてストレッチをして、ジョギングもして……」

と言い返したかったのですが、その間も与えず、私の背中を叩くと、

「一人暮らしだからって、好き勝手にしたら寿命を縮めるわよ〜」

上機嫌で立ち去って行きました。


元気すぎる、やたら明るい人は周囲を同じように染めようとします。

元気は好ましいことですが、押し付けられると周りは疲れます。

元気は大歓迎ですが、元気すぎる人、やたらと明るい人は、人の元気を奪ってしまうのです。

元気ポイント

31

＊＊＊＊＊＊＊

元気すぎる人は、人の元気を奪ってしまう。

元気を押し付ける人とは距離をとろう。

パワーがある人のエネルギーの使い方

仕事でご一緒する方や、何度もお会いする方から、

「いつも元気でこちらまで元気になる」

「やる気をもらった」

など、ありがたい言葉をいただくことがあります。でも私は、常に「元気エンジン全開」で人に接しているわけではありません。

むしろエネルギーの使い方には注意を払い、相手の状況やペースを見極めてから、会話やアクションを起こしています。


励まそうとしても、お節介。

慰めようとしても、余計なお世話。

労おうとしても、上から目線。

相手の状況をきちんと見極めないと、自分の元気が相手を不愉快にさせることもある。世の中には「ＴＰＯを考えない元気すぎる人」がいるのです。

お風呂で気持ちよく感じるのは適温で、熱すぎてもぬるくても不快です。

誰もがマイホームを持ちたいと考えているわけではないし、賃貸で好きな街、好きな間取りの物件に住み替えるのが楽しいと考える人もいます。

人間関係においてもそれぞれの事情や状況、「相手の立場になって考える」、つまりバランスが求められます。

人はみな個性を持っています。元気があっても元気がなくても、表面から見えるのは、その個性のわずかな部分。

それぞれ事情があるのですから、元気を強要するのはマナー違反です。

また自分がいかに元気であるかを自慢するのも慎んだほうがいいでしょう。

「風邪なんてひいたことがない、バカは風邪ひかないから」

こんなユーモアを交えた元気自慢ならば可愛げがありますが、「予防接種をしても、毎年インフルエンザにかかる人がいるでしょう。おかしくない？」

「病気になるのは、気合が足りない証拠」

「最近の若いヤツは根性がないから、すぐ会社を休む」

などと決めつける。

パワーがある人は、自分と同じ土俵で人の元気をはかろうとする節があるので気をつけましょう。そんな人は、元気を奪う人にほかなりません。

元気ポイント

32

＊＊＊＊＊＊＊

元気を強要するのはマナー違反。
相手にそっと寄り添う優しさを持とう。

ご近所付き合いは「セーフティー・ネット」

58歳になったころから、ご近所付き合いを意識するようになりました。

58歳といえば、ビジネスパーソンなら定年退職を意識し始め、その先の生き方を具体的に考えるころ。私がご近所付き合いを意識したのと年齢的に合致するのは偶然ではないと思います。

心身を癒し明日への活力を生み出す「家」が安心できる場でなければ、仕事もうまくいきません。

家族や家のことに不安を感じてしまう状況では、仕事どころではないですからね。

ご近所が私たちの家族や子供のことを知っていてくれるというのは、防災や防犯面でも安心ですし、お年寄りがいる家や子育て中の人にとっては、徘徊や迷子の面でも安心です。

ましてや一人暮らしの人ならば、遠くの親戚より近くの他人。ご近所と「セーフティー・ネット」をつくることが、あなたとご近所の身を守る。お互いに安心して暮らしていくカギになります。

3年ほど前のことです。

ほぼ毎日顔を合わせる、一人暮らしのお隣さんの姿を3日も見ない。

毎日、ベランダの掃除をして、洗濯物を干す人なのに、その形跡もないし、朝晩の散歩を欠かさない人なのに、玄関ドアが開いた様子もない……。

胸騒ぎを感じていると、お隣さんの娘さんから私に電話が入りました。

「父と連絡がとれないのですが、それとなく見ていただけませんか？」

離れて暮らす娘さんの慌てぶりが声から伝わってきます。

「88歳、持病もあるからこういうときが来るかもしれない」

そんな想いがあったのでしょう。以前お会いしたときに、遠慮がちに隣人である私の電話番号を尋ねていたのです。

電話を受けたのは午前8時。疲れて睡眠中かもしれませんし、ブザーを頻繁に鳴らすのも気がひけます。そこで、庭続きのお隣さんですからテラスからカーテン越しに部屋の様子をのぞき見たのです。

「何かがおかしい、普通ではない」

ドアを叩き、ブザーを押しましたが、反応はありません。

折り返し電話で娘さんにその旨伝え、1時間後に娘さんが駆けつけると脳溢《のういっ》血《けつ》で倒れていたのです。

幸いにも、命に別状はありませんでしたが、発見が遅れていたら取り返しがつかないことになっていたでしょう。


これは他人事ではありません。

その後、私が原因不明の吐き気と脱力感で1週間寝込んだとき、おかゆや精のつく食べ物を差し入れてくださったり、励ましてくださったのはご近所さんでした。

それがどれほど心の支えになったことかしれません。

ご近所さんが困っているときには手を差し伸べる。

「お互い様で暮らしは成り立っている」と感じました。

今は「個人情報を知られるのが危険」という風潮があります。

それは十分承知していますが、一人暮らしのお年寄りと今朝、挨拶を交わしたとか、子供がどこで遊んでいるとか、お隣さんの顔色が最近すぐれない、以前のような元気がないなど、安心や安全につながる気遣いや配慮ならばいいのではないでしょうか。


ご近所トラブルに巻き込まれそうだから怖いし面倒という人がいるのも、事実でしょう。

でも、みんなが知り合いということは、他の人の目があるということ。

誰も私を知らないというほうが怖い。近所の人とまったく関わらず、情報も知らないという生活スタイルよりも、

「ご近所の顔ぶれを知っていて、私も知ってもらっている」

という道を、私は選びたいと思います。
それこそが中高年に必要な「セーフティー・ネット」だと思うのです。

元気ポイント
33
＊＊＊＊＊＊＊

遠くの親戚より近くの他人。
ご近所はあなたを守るセーフティー・ネット。

あえて不便なことをやってみる

今は便利さと快適さを追求するあまり、何でも楽にすませる傾向があります。労力や手間を省く工夫がつまった商品や製品が市場に溢れ、それらの恩恵にあずかっているのも事実です。

今やインスタントラーメンといえば「カップ麺」を想像する人が多いでしょうが、かつては袋麺スタイル。スープも同時に調理できる即席麺「チキンラーメン」の発売は１９５８年８月で、私が生まれた５か月後でした。

「チキンラーメンと由妃ちゃんは同級生なのよ」

折にふれ、祖母が話してくれたのを思い出します。

以来、ラーメンはお店で食べるのが普通だったのが、カップにお湯を注いで３分で味わえるようになっただけでなく、人気ラーメン店とのコラボや地方色豊かなラーメン、生麺と遜色のない商品まで登場する進化を続けています。

ラーメンひとつとっても、こんなに便利になりました。

家庭の中に目を向ければ、家事のほとんどを家電製品が代替してやってくれ、ロボット掃除機の登場で掃除さえも自動化されようとしています。

今でこそこうした便利さは当たり前になっていますが、昔の人たちから見れば夢のような世界が現実になっている。

一方で、昔は見られなかったような心身の病の複雑化、謎のウイルスの感染問題が社会生活に大きな影響を及ぼすほど深刻化したのも事実です。

私には、世の中が便利になったことと、人々の心身の状態が深刻化してきたことが無関係とは思えないのです。

生活が便利になるにつれ、面倒なことをしなくてもすむようになり、体の機能やパーツを使う機会が減ったために、以前にはなかったような病が生まれてきているのではないでしょうか。

便利さに慣れてしまえば、それが当たり前。その便利さを得られないことがあると、人は不平不満を口にする。ストレスやイライラに苛《さいな》まれる。これでは、心が深刻な病に冒され身体機能が低下するのも不思議ではありません。

そんなことにならないために、できる限りエレベーターやエスカレーターを使わずに階段を使う。ロボット掃除機を使わずに自分の手で掃除をする。すると、心地よい汗をかきます。

私は家事の中でも料理が好きなので、小麦粉に塩と水を加え、こねて寝かせて伸ばして切れば、「手打ちうどん」。出汁をとった昆布やかつお節を保存し、ある程度の量になったら、醤油、みりん、酒で煮詰めて「昆布の佃煮」や「ふりかけ」。味噌と乾燥わかめ、ねぎのみじん切り、かつお節を混ぜて丸めて「味噌玉（自家製のインスタント味噌汁の素）」をつくる。

こんなふうに自宅にある食材で、1週間美味しく楽しい食卓をつくる術を考え実践しています。

「あったらいいは、なくてもいい」と捉えて、手間をかけて暮らす。ときには、あえて不便を楽しんでいます。

機械は使わないと性能が低下しますが、私たちも同じではないでしょうか。技術の進歩や進化、成長で私たちは幸福を手にしたように見えますが、それが心身に悪影響をもたらすようになったら意味がありません。

ですから、ときには便利さから抜け出し、あえて不便さの中に身を置き、面倒なことを率先してやってみるのも、「元気の作法」の一つなのです。

元気ポイント

34

＊＊＊＊＊＊＊

不便は知恵を生み、知恵は元気を導いてくれる。

バランスよく左右の歯で噛む

鏡に映る自分の顔を見て、

「左右の目の高さがあっていない」

「口が片方だけ上がっている」

「片方のほうれい線だけくっきりしている」

などと、感じたことはありませんか？

これは「片側噛み」が原因かもしれません。


片側噛みとは、食事をする際に左右どちらかに偏って噛んでしまうこと。

原因としては、一時的に歯が痛くて片方だけで噛んでいた、もともと噛み合わせが悪い、噛み癖があるなどいろいろ考えられます。

片側噛みを続けているとよく噛む側の歯がすり減り、使わないほうはむし歯や歯周病のリスクを高めてしまいます。

さらには下の顎が噛む側にずれ、口や顔から全身がゆがんで、さまざまな症状が出る場合もあります。

●顔がゆがむ

片側噛みをする側の筋肉だけが緊張して強張り、反対側の筋肉は緩む。すると目の高さや口の向き、ほうれい線の濃さなど、見た目に現れてきます。

●全身へ影響が及ぶ

噛み合わせのバランスの乱れで、顔全体から全身がゆがんでくることがあります。

首はよく噛む側に傾き、背骨もそれに合わせてゆがみます。

歯並びのゆがみから、顎関節症。骨格のゆがみから頭痛、肩こり、腰痛、めまいや耳鳴り。さらには手足のしびれなども起こると指摘するドクターもいます。


元気の作法を実践する私の最大の弱点は「歯並びの悪さ」。

自分の歯並びの悪さに気づいてから、食事をするときには左右でよく噛む、「両方噛み」を意識して行っています。

一口30噛みが理想ですが、左右の歯でバランスよく噛むことを意識するだけでも、顔の筋肉のバランスがよくなります。

また、虫歯や歯周病のリスク低減にもつながります。


片側噛みの原因が歯の痛みなら、まずは治療が先決。そのうえで両方噛みを意識しましょう。

ちなみにあごを大きく開けながら食べると、自然と舌が左右に動き、バランスよく噛むことができます。


食事は生きるエネルギー。元気の源。

その食を「両方噛み」で行うか「片側噛み」で行うか。

今まで意識したことがない人もいるかもしれませんが、これを機会に両方噛みを取り入れてみるのはどうでしょうか。

バランスよく左右の歯で噛んで食べる。こんな小さな工夫を習慣化することも、元気を保つ一つの秘訣です。

元気ポイント
35
＊＊＊＊＊＊＊
食事は生きるエネルギー。バランスよく噛んで食べることを意識する。

両手を使う

贈り物を片手でポンと渡されるのと、両手を添えて渡されるのとでは、どちらがうれしいですか？

やはり「両手を添えて」が好ましいですよね。

片手で渡されると、ぞんざいに扱っている印象を持ってしまいますが、両手を添えて渡されると、丁寧さや尊敬、愛情を感じます。

ものに触れる、つかむ、ペンを握る、文字を書く、箸を持つ、タクシーを止める、手招きする、挙手する……、私たちの日常の行動には、片手ですむこともありますし、片手を使うのがルールである場合も多いもの。

一方、両手を使ったほうが丁寧で暖かな印象を与える場合がある？

また、片手でできることでも、両手を使ったほうが好ましい場合もある？

誕生日のプレゼントを片手で渡されたことがきっかけで、そんな疑問が浮かびました。

そして、片手ですむことを、意識的に両手で行っている場合が、思いのほか少ないことにも気づきました。

手（あるいは指）は第二の脳。

「指や手を使うと認知症の予防になる」といわれています。

ならば、右利きだろうと左利きだろうと、両手を意識して均等に使えば、あらゆる面でバランスよく元気になるかもしれない。

そんな思いから、ものをつかむ、渡す、支える、受け取るなどの行為を、両手を使ってても不自然でないシチュエーションならば、必ず両手を使うように改めました。

いわば日常的な行為の中でのバランス運動です。

タクシーを止めるときや、挙手や、手招きなどは両手を使うと、相手が引いてしまうので行いませんが、できる限り両手を使う暮らしにしたのです。
すると、あらゆる物事を丁寧に大切に扱うようになり、動きがゆったりしなやかになりました。
片手でも両手でも、かかる時間はそれほど変わりません。
しかし両手を使うと、
動きが緩やか→余裕がある印象→落ち着きのある人に見られる
というように、自然とよい流れが生まれます。

手に関心を持つことで、ハンドマッサージやパック、ネイルケアなど、手指のケアにも余念がないようになりました。
50代になってからは、指や手を使った体操も取り入れています。

①指回し体操
両手を使って同時に運動します。
●両手の指先を合わせる。このとき指先以外は触れないように注意してください。手がドーム型になっているのが理想です。

●親指から順番に指が触れないように回していく。このとき手前から奥、奥から手前への回転を、手のドーム型が崩れないように注意しながら、左右それぞれ30回します。

私は薬指の回転が苦手なので、中指と中指の力を強くし安定させています。

②親指グーパー体操

親指を他の指の内側に入れたグーと、親指を他の指の外側にしたグーの形の組み合わせを利用した体操です。

●両手同時に、親指を入れたグー、親指を外にしたグーを交互につくる。

●右手と左手で異なるグーの形をつくり、握り直すごとにグーの形を入れ替える。

指先までしっかり開くことがポイントです。

指体操には他にもさまざまなやり方がありますが、まずはこの2つの指体操にトライしてみてください。
指体操をしながら早口言葉をしたり、パートナーや職場の同僚、友人としりとりをしながらすると、より脳が活性化されるのでおススメです。

元気ポイント

36

＊＊＊＊＊＊＊

指回し体操と親指グーパー体操で、脳を活性化させよう。

「元気の作法」の真意

空気が重い、何となく暗い、働く人の体温が感じられない……、そんな会社にお邪魔することがあります。

出社前の人がいるのかな？

営業で社員が出払っているからかな？

全員そろっていないからかしら？

重たく暗い雰囲気を気にかけつつ商談に入ります。

こういうとき私は、声のトーンを2割くらいあげて会話をするようにしています。

相手の会社の雰囲気に引きずられて自分の声に元気がないと、伝わるものも伝わらなくなってしまう。

かといって、超ハイテンションで会話をしたら、浮いた存在になって心を開いて聴く姿勢にはなってくれません。

初めて会う人や、初めて出かける場所では、元気自慢の私でも、相手の様子や場の雰囲気を探りながらパワーを出しています。

●いつもの自分のノリを知る

●自分のノリをコントロールする

人が発する空気は伝わるのですから、気を配りたいものです。

3年ほど前から自分の心と体が常に元気で、その元気に促されるように仕事もプライベートもよい方向に向かう一方だと感じています。

思い込みではなく、骨密度、肌年齢、運動能力、声量や声帯などの機能の高まりが数字に現れ、それに伴うように著作や講演、コンサルタントの仕事も充実してきました。

正直、病気になっているヒマがないぐらいの忙しさですが、心身が根をあげることもなく新しい仕事に挑戦したり、趣味を極めるのが楽しいのです。

そして、仕事仲間や親しい人にもよいことが起こっています。

それも一つや二つではなく、「いい流れの中」に皆が身を置いている感すらあります。


人前であがらずに話ができるようになった。

プロジェクトの責任者を任された。

いい条件でヘッドハンティングされた。

営業成績でトップになった。

こうした仕事面のいいことだけでなく、新しい趣味が見つかった、夫婦円満になった、子供とうまくコミュニケーションがとれるようになったなど、プライベート面でのいいことを挙げる人の何と多いことか！　これはシンクロニシティなのではないかとさえ思います。


多くの人が意識的に自分のステップアップを望んでいるところに、いい気（元気）がやってくる。いいエネルギーを周りから感じる。だから自分もがんばれる。見えないけれど、元気が伝染し合っている。

この調子で波に乗って失敗を恐れず何があってもあきらめず、楽観的に進んで行けば、皆がよくなる。そう信じています。

結果が簡単に出る人ばかりではありませんが、ここに元気を作法にする意味がある。元気を作法にする楽しみもあると考えています。

元気ポイント

37

＊＊＊＊＊＊＊

ステップアップを望んでいる人に、「いい気」と「元気」がやってくる。

元気はプライスレスな資産

子供のころから
「勉強はできなかったが、風邪すらひいたことがなかった」

「元気だけが取り柄だ」

こんなタイプのあなたは、少なく見積もっても、3億円以上の資産を持っているのと同じです。

「そんなのはふざけた話。安月給で3億円の資産家のはずなどない」

こう反論するかもしれませんね。

でも、よく考えてみてください。

元気であるということは、
●**医療費がかからないので、その分、好きなことにお金を使える。**

●病院とは無縁なので、そこに費やす時間を仕事や趣味にあてられる。
●他人が寝込んでいる間も仕事を進め、人間関係を構築し、学ぶこともできる。

前向きに仕事をして素晴らしい人に出会い、運や縁をつかんで収入アップや資産増大を図ることが可能なのです。

あなただけでなく家族も元気ならば、病院に連れて行く時間や労力、お金や介護の心配も不安も不要です。

一方、病気や要介護状態の家族がいると、天文学的な数字が現実となって降りかかってきます。

現在、介護老人保健施設に入所しようとすると、待機期間があるだけでなく、入所すれば大部屋でも毎月12万円ほどの費用がかかります（要介護5で算定した場合）。

82歳で入所し、90歳で永眠したとして年間144万円、8年間では1152万円が必要になります。

蓄えがあったとしても、元気に働ける家族が支えたとしても、いつ訪れるかわからない最期まで、お金の心配と自分自身の病気や体力低下、過大な負担は避けては通れません。

元気をなくすだけで、人生の出費は恐ろしい数字になってしまいます。

父や母、義母、義父……、そして自分自身。これ以上人数が増えたらなんて考えたくないですよね。

お金の心配をせずにいられる人は多くはないはず。

元気であることは、3億円の資産家どころの価値ではありません。

元気はプライスレスな資産。自分も家族も元気ならば、それだけで億万長者なのです。

私は幼少期から33歳で結婚するまで、「元気が取り柄」「体力には自信がある」と、胸をはれる状況ではありませんでした。

喘息や不整脈、顔面神経麻痺など、病気のデパートのようでした。

そんな私が、嫁いだ相手は「末期がん」でした。

少なくともすぐに命に係わる病ではない私が、夫を支えないといけないと思ったときから、元気に向き合うようになりました。
健康な心と身体になるにはどうしたいいのか。数多くの健康法や民間療法、食事や生活習慣、睡眠や心の整え方……、これらを学び実践する中で「元気になる」のではなく「元気はつくるもの」だと確信しました。

病は負債、元気は資産。

33歳まで人様より負債が多かった分、アンチエイジングと体力維持で、少なくとも、108歳（煩悩の数）までは、仕事をしながら元気を発散し続けたいと思っています。

元気ポイント

38

＊＊＊＊＊＊＊

病は負債、元気は資産。
元気ならば、それだけで億万長者。

おわりに

最後までお読みいただき、ありがとうございます。

本書『元気の作法』は、不思議な巡りあわせで誕生しました。

大切な人の死、愛犬の死と悲しい出来事が続いて、ネガティブなループにハマりかけていた自分を労わるように「元気はスキル」「元気は資産」とＦＢに投稿しました。それを読んだ編集者さんから、

「臼井さんには、もっと元気のタネがあるはず。教えてくれませんか？」

そう声をかけられたのが、出発点でした。

その日のことは忘れられません。

「私が行ってきた元気の作法を理解してくれる人がいる。今こそ伝えるべきだ」

身体中から、まさに「元気」が湧き上がってきたのを、よく覚えています。

本書を著す過程で、新型コロナウイルスが蔓延し、外出自粛や営業自粛を伴う「緊急事態宣言発出」という私たちの元気を根底から覆し、心身を蝕《むしば》む事態が生じました。

マスクや消毒薬が払底する中、ウイルスの蔓延と感染という目に見えない恐怖への不安や警戒感が広がり、外出自粛により経済活動は停滞。収入減への対応に苦慮し、終息に向けての出口戦略が明確化されないことにいら立つ日々。

「このままでは元気はなくなるばかり、何とかしないと」

『元気の作法』は、元気の在り方や元気を促進するノウハウを説いただけの本ではありません。

あなたがあなたらしく輝くためのヒントを網羅した本です。

先ずは気になったこと、できそうなことから始めてください。

実践するうちに「驚くほどタフ」になった自分、「意外と打たれ強い」人間に成長した自分を発見するでしょう。

さらには、「もっと元気になるにはこれ！」「私だったらこうする」と、オリジナルの「元気の作法」が生まれたりするかもしれません。

そこまで行けば占めたもの。今以上に「元気なあなた」になります。

本書があなたの生涯の友になることを願っています。

一緒に「元気の作法」を行っていきましょうね。

臼井由妃

臼井由妃

Yuki Usui

*

著述家・講演家・熱海市観光宣伝大使

1958年東京生まれ、33歳で結婚後病身の夫に代わり経営者となる。独自の発想法と行動力でヒット商品を次々に開発し、通販業界で成功。多額の負債を抱えていた会社を優良企業へと導く。経営者、講演家、ビジネス作家として活躍する傍ら、行政書士や宅建などの資格を短期取得。実践的な時間術や仕事術、勉強術には定評がある。著書も多数で累計は150万部を突破。近刊は『やりたいことを全部やる！ 時間術』（日経ビジネス人文庫）、『脇役思考のほうがうまくいく』（小学館）。

臼井由妃公式ホームページ
https://www.usuiyuki.com/

あなたの明日が輝き出す！

元気の作法

2020年7月10日　第1版第１刷発行

著者　臼井由妃

発行人　宮下研一

発行所　株式会社方丈社
〒101-0051
東京都千代田区神田神保町1-32 星野ビル2F
Tel.03-3518-2272　Fax.03-3518-2273
https://www.hojosha.co.jp/

印刷所　中央精版印刷株式会社

ISBN978-4-908925-65-8

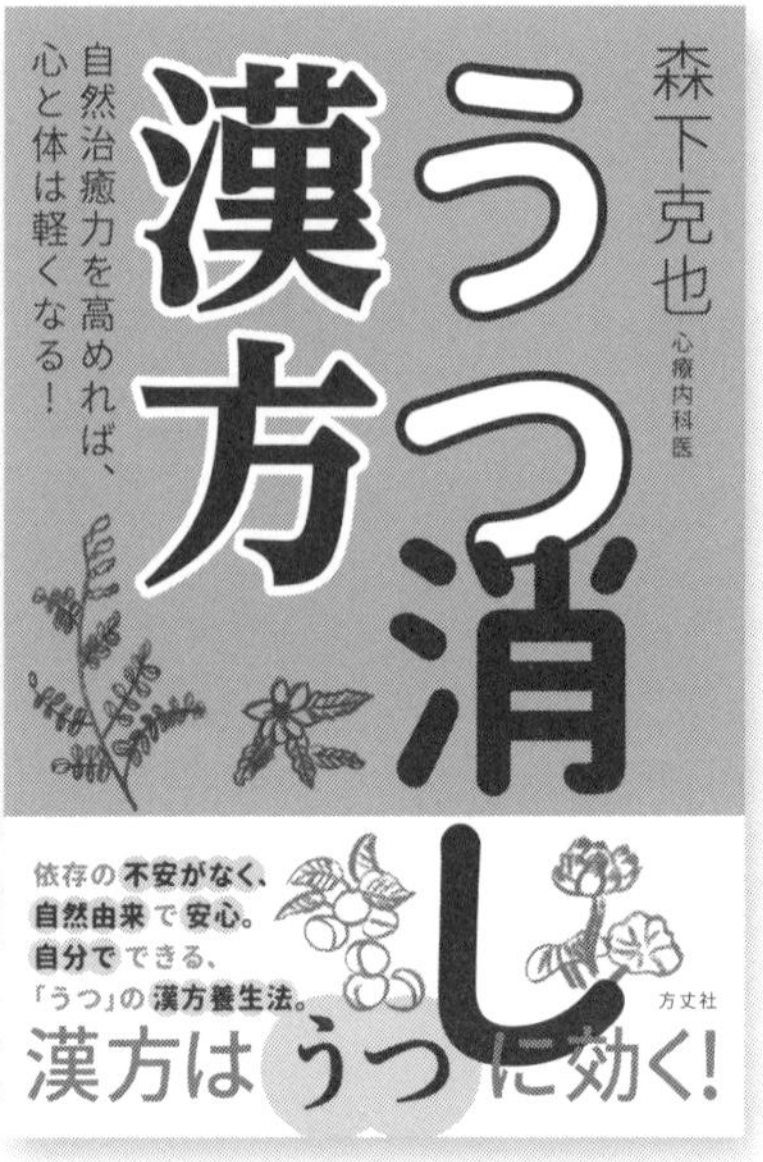

うつ消し漢方

自然治癒力を高めれば、心と体は軽くなる！

森下克也（心療内科医）

漢方は「うつ」に効きます！

30年以上、漢方治療に携わってきた医師が心身のバランスを整え、「うつ」を治す漢方養生法を、基本から症状別の事例、自分でできる養生法まで、わかりやすく解説します。「依存の不安がない、重い副作用がない」「症状に応じたきめ細かな対処ができる」「身体と一緒に心の体質も改善、予防にも使える」など、メリットたくさん。薬局・ネット通販で買える漢方市販薬リスト付！

四六並製・280頁　定価：1,300円＋税　ISBN：978-4-908925-46-7

方　丈　社　の　本

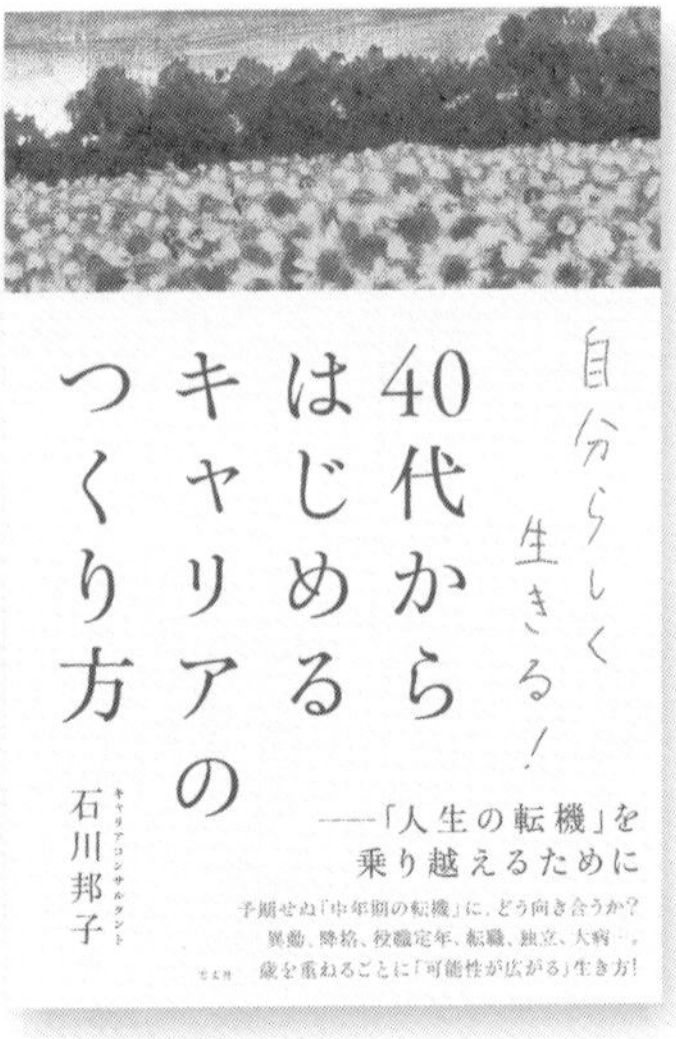

自分らしく生きる！
40代からはじめるキャリアのつくり方
「人生の転機」を乗り越えるために

石川邦子

「もう若くないから」と
自らの可能性を狭めないでください。

中年期には思わぬ転機が待ち受けています。不本意な異動、降格、役職定年、転職、独立、そして大病……。ビジネスパーソンは、そんな「予期せぬピンチ」をどう乗り越えていけばいいのでしょうか。しかし転機をうまく活用すれば、中年期からでも人は成長し、人脈や可能性を広げていけます。著者の実践的なエピソードや体験を踏まえ「歳を重ねるごとに可能性を広げる生き方」を伝授します。

四六並製・208頁　定価:1,500円＋税　ISBN:978-4-908925-27-6